コミュニケーション科叢書②

# 社会を生きぬく力は 小学校1時間の 授業にあった

Kikuchi Syozo

## 菊池省三　編著

中村堂

社会を生きぬく力は小学校１時間の授業にあった

## ○　も　く　じ　○

# 第 1 章

# はじめに

「大人の教科書」が生まれた
「コミュニケーション科」学習指導案

# 「大人の教科書」が生まれた

菊池道場　道場長　**菊池　省三**

## 1．学校教育界以外からも学びたいという思いをもちながら

　私の中に、今でも強く残っているいくつかの言葉があります。

　それらは、「『コミュニケーション科』をつくりたい」という私の夢を支える言葉です。私を育ててくれた言葉です。いくつか紹介します。

**「わしは、『しばらくは教育書を読まない』と決めて、ビジネス書だけを読み続けた時期があった。教育書には、どれも同じようなことしか書いていない。それじゃあ教育は変わらないと考えたからだ」**

　この言葉は、お師匠さんでもある桑田泰佑先生です。私が 20 代の頃です。そして、「よいビジネス書には、教育に役立つ新しい視点がある。それを教育に入れることで、変わらない教育を変えていくのだ」とも話されていました。40 年以上も前のことです。

　コミュニケーション指導への道を示してくださった桑田先生のこの言葉を胸に、学校教育界以外の書籍等の情報にも学びながら、私なりにコミュニケーションに関する指導の在り方について、その後も学びを続けてきました。学校教育界の外にも目を向けさせていただいた言葉です。

**「この本には、私がしたかった内容が全部詰まっています。だから、新入社員研修のテキストとして使わせてもらいます。菊池先生が小学校でしていることと、全く同じことを社会人にもするのです」**

　この言葉は、当時の東洋陶器株式会社（現 TOTO 株式会社）本社の人事担当で新入社員研修も担当していた安田為一郎氏（平成 17 年当時）

からいただいたものです。この本とは、「小学生が作ったコミュニケーション大事典」（あらき書店発行・現在は中村堂から復刻版）のことです。

　当時の菊池学級（北九州市立貴船小学校）を参観された安田氏は、「菊池学級でしていることが、中学校、高等学校、大学でごっそりぬけ落ちています。人間として一番大事な力なのに。だから、社会人になって指導するのです。間違いのない実践です」といったことも話されました。

**「菊池先生が教室でしていたことこそが、大人の我々にも必要なのです。それを確信しているからこそ、『大人版菊池学級』を開校したのです。体験しないと分からないと思うのです。これからも続けていきます」**

　社会保険労務士として活躍されている熊本市在住の原口耕作氏から10年前にいただいた言葉です。その後、毎年、一般の大人を対象とした「大人版菊池学級」を実施してくださっています。

　原口氏が、「菊池先生がよく口にされる『大人も子どもも一緒でしょ』ということを、大人版菊池学級を企画し、参加して毎回思います」とよく話されます。私自身も、研修会場で時間が経つにつれて表情も柔らかくなる参加者を見て、その言葉の意味や価値を実感しています。

**「菊池先生の授業を初めて見たときから、『これで息子は救われる』と感じました。学校や先生方に不信や不満をもっていた我が子にとって、先生と出会えたことは宝物です」**

　ある保護者の言葉です。低学年の頃に発達障害という診断を受けた子どものお母さんです。素敵な男の子で5年生から2年間担任しました。

　小学校を卒業した6年後に、お母さんと立派な青年となった本人と再会しました。「あの2年間があったから今があると思っています。自分というものを見つけて、自分らしく生きていこうという基礎をつくってもらったと思っています」といった感謝の言葉もいただきました。

　コミュニケーションを大事にした最後の菊池学級（北九州市立小倉中央小学校）の教え子にまつわるエピソードです。

## 2．愛媛支部長牧野真雄氏との出会いから本著が生まれた

　学校教育界以外ともつながり、そこからも学びたいと強く思っていた私にとって、菊池道場愛媛支部長でもある株式会社カイシン社長の牧野真雄氏と出会えたことは幸運でした。変わらない、変わろうとしない学校教育界との軋轢に辟易していた頃でした。

　出会いは2012年7月放送のNHK「プロフェッショナル　仕事の流儀」ということですが、その後に共著で出させていただいた書籍「一人も見捨てない教育の実現　挑戦！四国四県からの発信！」（中村堂）での学びが強く印象に残っています。牧野氏の原稿を読ませていただき、「これだ！」と飛び上がって喜んだことを今でも鮮明に覚えています。

　そこには、組織開発、能力開発、チームビルディング、ファシリテーターといった、当時の学校教育界ではあまり重視されていなかったことが、

魅力ある言葉で示されていました。私が、桑田先生からいただいた言葉から思い続けていたことがカタチになっていたのです。私がやってきた33年間のコミュニケーション教育を、学校教育関係者以外の方から初めて分析していただいた内容でした。

　今でも、その中に牧野氏が書かれている、「菊池学級では、学級目標を掲げたり、ほめ言葉のシャワーを取り入れたり、白い黒板を書いたりと様々な取り組みをしていきますが、どのタイ

ミングでどの取り組みをするのか、どの瞬間に誰にアプローチをかけるのか、この点を敏感に察知して即興で進められているように感じます。それこそが菊池学級のすごさの本質ではないかと思っています。そして、まさしく私が実践しているチームビルディングととても連動しているのです」という言葉は、私の励みになっているのです。

　牧野氏が支部長として私の故郷愛媛県で菊池実践を推し進めていただ

いている中、本書が誕生するきっかけともなった松山市立清水小学校で菊池による飛込授業が実現したのです。当時、清水小学校で教頭先生として勤務されていた副支部長の佐藤郁子先生のご尽力のおかげです。

　いろいろな思いをもって授業をさせていただいたのですが、その中に、「多くの方に授業を参観していただき、それぞれの立場から私の授業を分析批判していただき、それらの意見や感想を次の学びに生かしたい」という思いを私はもっていました。

　その思いがかなったのが今回です。牧野支部長の人脈もあり、多くの方に授業を参観していただき、その後、分析していただきました。

　学校教育関係者だけではなく、組織開発コンサルタント、IT 企業幹部、一般企業人事担当者、フリーアナウンサー、市議会議員といった仕事に従事されている方や選択理論心理学、教育カウンセリング、コミュニケーション心理学 NLP トレーナーといった専門家に、それぞれのお立場からの授業分析をもとにした貴重な原稿をいただけたのです。

　指摘していただいたことは、私にとって、「目から鱗」の知見ばかりでした。45 分の授業を思い返しながら読ませていただきました。

　一つ一つの原稿に目を通しながら、「今まで教室でやってきたことは間違いなかった」「コミュニケーションの価値は、職種等関係なく共通だ」「これからの教育の方向は、間違いなくコミュニケーションを中心としたものである」といった思いを強くし、本著のタイトルでもある「社会を生きぬく力は小学校 1 時間の授業の中にあった」ということに確信がもてたのです。

## 3. コミュニケーション科の授業を支える「ライブ力」

　「温かい人間関係を築き上げる『コミュニケーション科』の授業（コミュニケーション科叢書1）」（中村堂）で、私はコミュニケーション科の7つのカテゴリー（人との関わり、言葉への興味・関心、即興力、自分らしさ力、対話・話し合い力、個と集団を育てる議論力、社会形成力）を示しました。

　そして、「コミュニケーション科」の土台として、なぜ菊池は、「スピードにこだわるのか？」「拍手にこだわるのか？」「自由な交流を積極的に活用するのか？」「列指名を多用するのか？」といった視点から、主体的・対話的で深い学びに向かうための授業改善のポイントを示しました。

　次ページの「菊池省三が考える『授業観』試案⑦」は、前著で触れたそれらのポイントを含めて、「授業ライブ力」として現時点での私の考えを試案としてまとめたものです。

　8つの視点は、授業を通して学級を集団として高めていくファシリテーターとしての教師の指導技術のポイントです。子どもと共に創り上げていくコミュニケーション科の授業で、教師に求められる授業ライブ力の全体像です。本著に執筆していただいた様々な立場の方も、この試案⑦「授業ライブ力」の中に取り上げている技術とご専門分野の知見とをつないで分析していただいていると思います。

　今までの教育書にはない新しい切り口で生まれたのが本著です。「大人版コミュニケーションの教科書」です。小学6年生の授業動画を視聴して、誰もが経験した小学校時代を思い出しながら、この教科書を読み進めていただきたいです。

　きっと、「これからの社会を生きぬく力はあの小学校時代に習っていた」ということに気づくことでしょう。そして、前を向き、笑顔で生きていく勇気が、あの頃と同じようにわき起こることでしょう。

2021年8月11日　菊池道場　道場長　菊池 省三

# 菊池省三が考える「授業観」試案⑦
## 「コミュニケーション科」授業ライブ力

ver.1

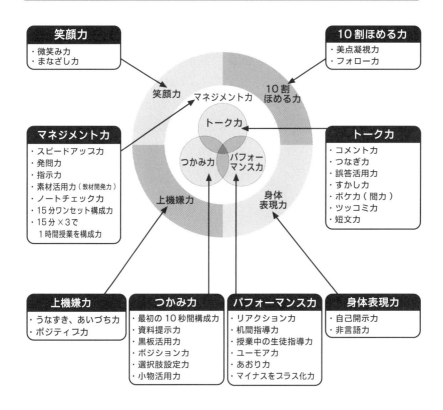

**笑顔力**
・微笑み力
・まなざし力

**10割ほめる力**
・美点凝視力
・フォロー力

**マネジメント力**
・スピードアップ力
・発問力
・指示力
・素材活用力（教材開発力）
・ノートチェック力
・15分ワンセット構成力
・15分×3で
　1時間授業を構成力

**トーク力**
・コメント力
・つなぎ力
・誤答活用力
・すかし力
・ボケ力（間力）
・ツッコミ力
・短文力

**上機嫌力**
・うなずき、あいづち力
・ポジティブ力

**つかみ力**
・最初の10秒間構成力
・資料提示力
・黒板活用力
・ポジション力
・選択肢設定力
・小物活用力

**パフォーマンス力**
・リアクション力
・机間指導力
・授業中の生徒指導力
・ユーモア力
・あおり力
・マイナスをプラス化力

**身体表現力**
・自己開示力
・非言語力

（図中）笑顔力　マネジメント力　10割ほめる力　トーク力　つかみ力　パフォーマンス力　上機嫌力　身体表現力

でも、子どもたちが楽しく学び合う、授業をつくっていくキーパーソンは教師でありますから、この教師のパフォーマンス力っていうのはすごく重要だと思います

あるいは、関係性をつくって動かす、そういった力っていうのはすごく重要になると思います

# 「コミュニケーション科」学習指導案
## 愛媛県松山市立清水小学校第6学年1組

指導者　菊池　省三

1　「コミュニケーション科」カテゴリー　「言葉への興味・関心」
　　　　　　　　　　　　　　　　　　　　言葉遊び・川柳

2　ねらい　川柳を理解し創作する過程を通して、言葉で遊ぶ楽しさを
　　　　　　実感しつつ、友達と協力して考え合うことの楽しさを感じ
　　　　　　る心を育てる。

3　準備　　令和の元号写真　ノート

4　本時の展開　（日時　2020年（令和2年）10月16日）

| 主な学習活動 | 指導上の留意点 |
|---|---|
| 1．子どもたちとのつながりをつくる。 | ○あいさつ、拍手、笑顔、揃える動きなどで、居心地のよい「健全な共犯関係」を意識してつくる。<br>・マスクの下は笑顔 |
| 2．川柳について知っていることを出し合う。<br>①「川柳とはどんなものですか。書きましょう」 | ○交流させることで、子ども同士の関わりのよさをほめ、学び合う関係性を高めていく。 |
| ②令和川柳コンテストが行われていることを知らせ、令和元年度の優秀作品の一部を伏せて示す。<br>②「平成と　令和で<br>　『平和』の□□□」<br>「□□□の中にどんな言葉を入れますか。書きましょう」 | ・自分から動く<br>・男子女子関係なく<br>・笑顔で話し合う　など |

| | |
|---|---|
| 3．川柳について理解を深める。<br>①令和２年度の入選・佳作作品を<br>　順に４点示す。<br>○よちよちと　幼き令和<br>　ころぶなよ<br>○国勢調査　同居してます<br>　□□□□と<br>○風水害　令和列島<br>　眠らせず<br>○□□□□は　部下か上司か<br>　同僚か<br>②４点から好きな作品を選び、<br>　理由や感想を交流する。 | ○どの発言も認める。<br><br><br>○２と同じように、□□□□のとこ<br>　ろを考えさせ、交流させる。<br>・一人ひとり違っていい<br><br><br>○対話のサイクルを示す。<br><br>笑顔→うなずき→あいづち<br>　↑　　　　　　　　　　↓<br>対話力アップ←感想・質問 |
| 4．清水小６年１組令和川柳コン<br>テストを行う。<br>①各自で川柳を考える。<br>②班で作品を１点決める。<br><br>③作品を発表し合う。<br>④学級の優秀作品を決める。<br><br><br>5　感想を書きまとめる。 | ○理由を質問し合うようにさせ<br>　る。<br>・連続質問<br><br>○書けなくても友達と相談してよ<br>　いことを確認する。<br><br>○時間がなければ、優秀作品の決<br>　め方を知らせる。<br><br>○学び合える教室をほめて、意欲<br>　づけを行う。 |

※この授業では、「一般財団法人全日本情報学習振興協会」が主催する「『令和』川柳コンテスト」
　の入賞作品等を引用しています。(https://www.joho-gakushu.or.jp/senryu/index_result.php)

# 第2章

# 菊池実践は人と集団が育つ
# 原理原則が詰まっている

# 菊池実践は人と集団が育つ原理原則が詰まっている

菊池道場愛媛支部 支部長

株式会社カイシン　組織開発コンサルタント　牧野　真雄

『「菊池実践による学級経営」と「組織開発による人材育成」は、相互に共通するものがあり、互いに学び合うことで本質的な深い学びにつながり、より効果を増大させることができる』

人財育成と組織開発に約 20 年間携わってきて私が確信していることです。

私は現在、中小企業のいい会社づくりの組織コンサルティングと、企業・団体での教育研修を行っています。

中小企業の組織づくりは、主に経営者の相談に乗り、組織課題の解決とめざしている組織文化をつくるお手伝いをしています。組織体制の変更、人事制度の構築、会議体系の見直し、福利厚生や社員支援制度の導入、教育システムの改善、社員への教育研修、面談やコーチングなど多岐にわたるアプローチを統合的に行っています。

いい会社づくりが成功するかどうかにおいて、最重要な要素が 3 つあります。1 つめは経営者の価値観とビジョン、2 つめは経営者と社員の信頼関係、3 つめは規律と対話のバランスです。この先は専門的な話になってきますので、のちほど菊池実践との共通点を交えながらお伝えしますが、私が企業の組織文化をつくるためにしていること、主にチームビルディングにおける取り組みと菊池実践はほとんど同じではないかと感じています。

## ■菊池実践との出会い

学校教育とは異なる業界で活動する私が、菊池省三氏を初めて知ったのは、2012 年 7 月に NHK『プロフェッショナル　仕事の流儀』を視聴

したことがきっかけでした。

　当時の私は、人材コンサルティング会社から独立して間もない頃で、企業研修の仕事をする傍ら、定時制高校の進路指導員や、中学高校での職業教育講師、大学でのキャリア教育科目の非常勤講師をしていました。企業研修の仕事では、社会人が仕事として研修に参加するため、大半の方はそれなりに節度ある受講態度で臨んでくれるものですが、学校教育の現場はそうではありませんでした。卒業単位のために仕方なく出席する学生たちに対して、どのような授業の組み立てや進め方をしたらよいのかに頭を悩ましていました。

　ちょうどそのタイミングでテレビ越しに菊池先生の授業を拝見し、ものすごい衝撃と感銘を受けたのを今でも覚えています。

　その数か月後、地元のキャリア支援専門家が集まって主催している講演会の講師としてお招きしたことから菊池先生とのご縁をいただき、学びを深めることと菊池実践を広げることを目的に菊池道場の活動に参画するようになりました。

### ■後々に気づいた菊池実践の普遍的な価値

　最初は学生に対しての授業の仕方や組み立て方の参考にしようと思い菊池実践を学び始めたわけですが、徐々に私の中で学びの価値が変わっていきました。

　菊池先生の指示の仕方、コミュニケーションの取り方、児童との関わり方、それらが非常にレベルの高いものであり、私たちのようなコンサルタントや講師も学ぶべきものが詰まっていることはテレビを拝見したときから気づいていました。

　しかしその後、菊池先生の教育実践は、学校教育にとどまるものではなく、人が成長するということ、よい集団（私たちが言うところのよい組織、よいチーム）をつくるということにおける共通の普遍的な要素を含んでいると気づいたのです。それ以来、菊池実践を学ぶこと、道場で研鑽することは、「大人も子どもも一緒で、人が育ち、集団／チームが

育つための深い学び」と捉えています。

　私は社会人を対象に菊池実践を活用していますが、いつも次のような
ことを想像します。「私も含めた全ての社会人が子どもの頃に菊池実践
のような教育機会に出合っていたならば、多くの組織や職場はもっと輝
ける場になっているのではないだろうか」ということです。

　私たちがしている社会人教育・企業での研修や組織開発は、菊池先生
が小学校でされてきた教育実践と相通じるわけですから、見方を変える
と、子どものときしっかりと学ぶことができるものを学んで来なかった
大人社会が存在しているということです。菊池実践の広がりが日本の教
育を変えていくとしたら、結果的によりよい職場が増え、いい会社が増
え、日本社会はもっと輝くものになるだろうと想像しています。

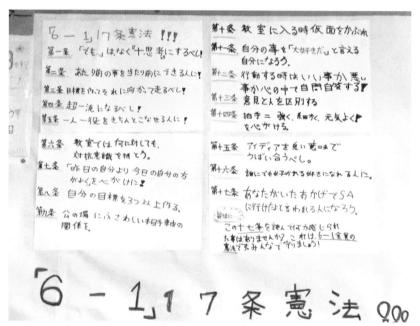

▲菊池学級の児童たちが作った学級ルール

## ■菊池実践を分析する前に知っておいてほしいこと

おそらくこの本を手に取られている方は、教師や学校関係者、人材育成に携わっている方、子育てや子どもの教育に興味のある方たちだと思います。

菊池実践は先ほどもお伝えしましたように、人の成長や組織／チームの成長の原理原則が詰まっていると考えています。

具体的な菊池実践の分析をする前に、人の成長に関わる皆さんにまずはその原理原則についてお伝えしたいと思います。

## ■人の行動原理

最初は、人の行動原理についてです。先述しましたように私は20年間にわたって、人材育成・組織開発に携わってきていますが、この道に進むと決めたのは16歳の頃です。将来の進路を考えた時に社会に役立つ仕事がしたいと考え、「一人でできることは限られる。組織を動かさなければならない。そのために人と組織のスペシャリストになろう」──そう心に決めて大学で生理心理学を専攻して以来、心理学的、生理学的、社会科学的の3つの視点から人づくりと組織づくりについて実践と研究を続けています。人を完全に理解しようとすると、神経科学、遺伝学、栄養学、生化学、分子生物学など多岐にわたる専門分野での知見が必要になりますが、全ての研究分野の叡智を結集しても未だに人間については解明されていないことがたくさんあります。今回は私の知る範囲での情報を提供させていただきます。

## ■人はバランスをとるために行動している

最初に紹介するのは、生体恒常性ホメオスタシスという言葉です。

分かりやすく言うと体の状態を一定に保とうとする性質のことです。人は常に、神経系、内分泌系、免疫系のはたらきによって内部環境を保とうとします。そして、神経系や内分泌系のはたらきは、人の気持ちや

感情に直接影響を与えます。また、人は生体恒常性のバランスを取るために、神経系や内分泌系を制御するための行動を無意識で取ろうとします。このホメオスタシスは生命維持において最重要なものであるため、人の体調や気分状態、行動に多大な影響を与えるものです。

　ここで皆さんにお伝えしたいのは、一見すると価値がないように思える人の行動も、自分自身の心身状態を保つために行っているかもしれないということです。

　例えば、貧乏ゆすりをしたり、手足を動かしてしまったり、余計な作業をしてしまったり、無駄なお喋りをしてしまったり、大声を出してしまったり、という行動もホメオスタシスの現れかもしれません。

　そして、このような行為は授業中や教室の中では流れや規律を乱す行動にもなり得るかと思います。何かしらの理由で神経バランスを崩している人は特にその傾向が強く、様々な言動で心身のバランスを取ろうとしているのです。

## ■身体状態と心理状態は影響し合っている

▲身体状態に影響を与える7要素

ご存知の方も多いと思いますが体と心は表裏一体の関係でつながっています。心のはたらきというものは神経のはたらきが主になっているわけですが、神経物質やホルモンはアミノ酸やタンパク質といった栄養素からつくられます。だから、身体づくりや体調を整えるためだけでなく心の状態を保つためにも食事は重要です。また、人にはサーカディアンリズムというものがあり時間帯によって神経物質やホルモンのバランスが変わります、特に睡眠は大きな影響を与えます。また身体活動や姿勢や表情によっても神経系や内分泌系、免疫系に大きな影響を与えることが分かっています。笑顔でいると免疫力が上がるということは聞いたことがあると思います。大きな声を出したりジャンプをしたり腕を大きく動かしたりすることでも体が元気な状態になることは科学的に証明されているのです。

　少し踏み込んだ話をしますと、人はセロトニンやオキシトシンといった脳内ホルモンが不足すると不安を感じます。実は遺伝的要素も影響が強く、生まれもって不安が強い人たちがいます。多動傾向が強い子たちもそうです。セロトニンを増やすにはリズム運動が効果的で、足を揺らしたり、貧乏ゆすりをしたり、物を振り回したり、何かをテンポよく叩いたりするとセロトニンが増えて落ち着きます。そのような児童はじっとしていることはものすごく苦痛を感じます。そわそわしてしまい、それを自分の意識でコントロールすることはできません。だから、神経系やホルモン系のバランスを維持するために衝動的にいろいろな行動を自然と起こしてしまうのです。

　他者の顔表情も、感情や体の状態に直接影響を与えます。これは様々な神経科学的な実験研究から明らかになっています。自分自身が笑顔でいることによる効果も大きいですが、相手が笑顔でいることによる影響も強大です。その理由は２つあります。１つは、人間にはミラーニューロンというものがあり、相手の表情や状態を見ると自分自身も影響を受けて同様の表情や状態になることです。例えば、攻撃的な怒り感情で相手が罵倒してきたら、こちらも攻撃的な怒り感情になってしまうこと、

また、相手が悲しそうに泣いていると、こちらも悲しい気持ちになることがそうです。もう1つの理由として、人は不機嫌な表情や顔を見ると、脳の扁桃体という部分が反応して原始的な脳部位が強くはたらき、不安や緊張や怒りといったマイナスな感情と身体状態をつくりだすからです。この扁桃体は、表情だけでなく怒鳴り声などの声にも強く反応することが分かっています。

　叱責、怖い表情、怒鳴り声、威嚇的な態度によって児童に言うことを聞かせようとする行為は、児童の心だけではなく身体にも強いストレスを与えていることがお分かりになったでしょうか。しかし一方で、人に強いストレスを与えるような指導が効果をもたらすことも事実です。そのために、旧来型の指導から脱却できない教育が存在してしまうのですが、その点については後ほどお話をしたいと思います。

## ■脳は常に期待と分析をしている

　続いてご紹介するのは、報酬予期という言葉です。神経科学的に、人は全ての行動において無意識に結果を予測しているということが分かっています。例えば、食器棚にあるお皿を取ろうとするとき、この角度でこの位置でこれくらい手を伸ばしたらお皿が取れるだろうという結果を予測します。つまり、こういう行動をしたら、こういう結果が得られるという期待をもっているということです。スマートフォンで電話をかけるときは、指の動きや操作とその結果を期待します。車を運転するときも操作と結果を期待します。人とコミュニケーションを取るときも、何かしらの結果を期待します。

　また人は同時に、無意識のうちに、求めている結果に対してどのように行動したらよいかを瞬時に分析もしています。

　この報酬予期と分析は脳の中にある大量のデータ、特に経験からくる情報を元につくられます。

　そのため、自分自身の今までの経験上で、よい結果が得られないと無意識に予測した場合はよい結果を期待しなくなることも生じます。

## ■可能性が行動の源泉にある

　報酬予期におけるよい結果を予測することは、よい結果が起きる可能性を感じていると言い換えることができます。そうすると、人は行動を起こします。行動を起こせば何かしらの結果が生じます。さらにその結果をどのように捉えるかで価値観の形成につながります。その価値観が可能性を感じさせるかどうかに影響を与えます。

▲可能性と行動のループ

　このループはプラスのスパイラルを生み出すこともありますし、マイナスのスパイラルを生み出すこともあります。すなわち、可能性を感じるから行動し、行動するからよい結果が起こり、その事実を価値付けてまた可能性を見出すようになるプラスのスパイラル。可能性を感じないから行動せず、行動しないからよい結果が起きず、その事実を否定的に捉えて可能性をさらに狭めてしまうというマイナスのスパイラル。

　自分自身に自信がもてない子どもたちは、すなわちこの可能性を感じていない状態が多いのです。「やればできる」「認めてくれる」「ほめてもらえる」「応援してくれる」「喜んでくれる」「いい結果が出る」「気分がよくなる」というような可能性を感じていない子どもたちは行動が起こせないのです。当然ながら教育において、教育者がつくるべきは、可能性によるプラスのスパイラルではないでしょうか。

## ■人は快を得て、不快を避けるように行動している

　もう一つ大切な人の行動原理を紹介します。人は快を得て、不快を避けるように行動しています。この快と不快を身体的と心理的の２つの側面から考えることができます。身体的にはホメオスタシス（生体恒常性）によってバランスが取れている状態が快となり、ホメオスタシス（生体恒常性）のバランスが過度に偏っている状態が不快となります。続いて、心理的な快と不快についても説明をしましょう。人は常に何かしらの期待をしているとお伝えしました。自分自身が何か行動をするときは、どのような結果になるかを無意識にも期待をするわけですが、これは日常の何気ないことにも当てはまります。おそらく心理的な期待として最も多いのは、今の状態が続く、今までのパターン通りにいく、という期待かと思います。

　例えば、家から職場への移動が普段は 30 分で着くはずなのに、10 分ほど進んだところで、何かしらの事故の影響でその場で 20 分立往生させられ、最終的に 40 分遅刻してしまったらどう感じるでしょうか。朝起きたら急に体調が悪くなり、救急車で病院搬送され進行性の悪性腫瘍だったと判明したらどう感じるでしょうか。数年来仲がよかった友達を不本意ながらも深く傷つけてしまい、もう連絡をしないでほしいと言われたらどう感じるでしょうか。人は今までの経験や自分の現状認識をもとにして、ものごとがどう進むのかを無意識に期待します。その期待が叶えば快を得て、叶わない（叶わないと思う）と不快な気分になります。そして、不快な気分になると、神経系、ホルモン系のバランスが崩れるのです。快と不快の原理はとてもシンプルです。

　さらに、不快は、怒り、悲しみ、不安、苦しみの４つに大別できますどのような不快を感じやすいかは、人によって特徴があります。またこの不快は、言葉とも密接に関係しています。もともと不快でない状態のときでも、不快状態のときによく使う言葉を発するだけで身体状態が変化していくことが明らかになっています。ネガティブな言葉を使うとネガティブな心理状態になることは心身科学的にも証明されているのです。

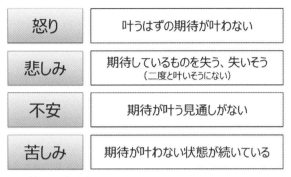

| 怒り | 叶うはずの期待が叶わない |
| 悲しみ | 期待しているものを失う、失いそう（二度と叶いそうにない） |
| 不安 | 期待が叶う見通しがない |
| 苦しみ | 期待が叶わない状態が続いている |

▲不快の４大分類

　今までは行動の原則について話をしてきましたが、ここから心理学的な要素から人柄を４つの層と欲求で考えてみたいと思います。もう少し不快について理解をするために、さきほどの例えで起こりやすい不快を推察してみましょう。通勤時の事故による遅れはイライラする「怒り」が多いのではないでしょうか。突然の病が発覚した際は、大丈夫だろうかという「不安」が起こるのではないでしょうか。仲のよい友達が離れていってしまうのは「悲しみ」が起こるのではないでしょうか。そのような「怒り」「不安」「悲しみ」が立て続けに起こり続け、ずっと解決しないと、人は「苦しい」気分になっていきます。そして、人は不快を避けたいと思いますから、この不快を受けているとき、または不快を感じそうだと分かったらそれを回避するために行動を取ります。先述した「可能性と行動のループ」は、「快を得る可能性のループ」と「不快を回避する可能性のループ」の２種類が存在することになります。この「不快を回避する可能性のループ」を利用しているのがいわゆる罰則や痛めつけによる“シツケ”とい言われる指導方法です。この指導も、人を動かそうとしたら一定の効果は出ます。しかし、それだけでは、自分に自信をもち可能性を感じて行動を主体的にとる児童は育たないのは明白です。もちろん、時には厳しく叱る、負荷をかけるのは大切です。大切なのは、快と不快の利用バランスと、どのような人に育ってほしいのかという教育観ではないかと思います。

## ■人柄の４階層で個性を理解する

　今までは行動の原則について話をしてきましたが、ここから心理学的な要素から人柄を４つの層と欲求で考えてみたいと思います。

　１番下にあるのが「性格」の層です。ここで言う「性格」はもって生まれた先天的なものをさしていて、遺伝的要素と胎内環境の要素で形成されています。心理学の諸理論では、「性格」は人柄の表面に出ているものではなく、深層部にあり他者からも自分自身からもすぐには分からないものであるとされています

　２番めの層が人格です。人格は後天的なもので、生育環境に影響を受けて形成されます。特に価値観、思考パターンや習慣が人格の大きな要因になっています。その３つに多大な影響を及ぼすのが自己イメージです。その自己イメージについてはのちほどお話したいと思います。そして、ご承知の通り教育基本法ではこの人格の完成をめざすと謳われています。

　３層めが役割です。この役割と人格を同じと考えることもありますが、ここでは分けて考えています。さらに役割は社会的役割と心理的役割の２つに分かれます。社会的役割とは、人の社会的な立場、また人との関係性で必然的にできあがる立場をさしています。

　例えば、教師・公務員・経営者・会社員・看護師・料理人などの職業としての立場、校長・教頭・主任・課長・係長・部長・専門員などの組織内部での役職、上司・部下・同僚・後輩などのような組織内での関係で生じる役割、父親・母親・子ども・兄・弟・妹・娘・息子・孫・祖父・祖母などのように血縁環境で生じる役割、クラスメイト・同級生・仲間・友達・親友・ライバル・敵・協力者などのように関係性で生じる役割、これらは全て社会的役割です。

　一方で心理的役割とは、社会的役割とは別に、その個人が心の中で自分自身の立ち位置からすべきだと思っていること、周囲から求められることを意識して生じる役割です。例えば、ムードメーカー／鍋奉行／盛

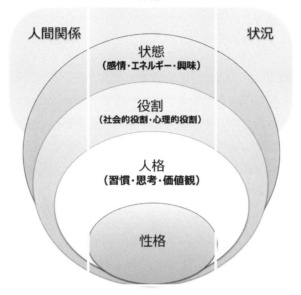

欲求

人間関係　　　　状況

状態
（感情・エネルギー・興味）

役割
（社会的役割・心理的役割）

人格
（習慣・思考・価値観）

性格

▲ヒューマンヒエラルキー図

り上げ役／仕切り屋／癒しキャラ／お笑い担当などのように社会的・組織的に決まってはいないけれども生じているものです。心理的役割で重要なものの一つが「目標」です。 人は目標を掲げ、そこをめざすと決めた時から、目標を達成するために向かう自分という新たな役割が生じるのです。「目標」は、社会的役割としてはなかった自分自身の人格をつくりあげる手助けになります。

　そして大切なことは、この役割によって下位層である人格が変化するということです。職場にいるときの顔、親としての顔、親友といるときの顔はそれぞれ異なると思います。つまり、人は役割によって人格を使い分けているのです。ちなみに、英語表記をすると人格は Personality、性格は Character です。Personality の語源はラテン語から来ている Persona であり仮面という意味です。

　4層めが状態です。状態とは心身の状態をさしていて、体調や感情、

興味が含まれます。身体状態については先述した通りですが、状態は、物理環境や生活環境も含んだ自分自身が置かれている状況と、人間関係に大きく左右されます。

　人はこの４つの層に加えて、欲求というものがあります。脳科学的には人は常に報酬予期をすると言われますが、心理学的には人は常に何かしらの欲求をもっていると考えられています。欲求に関する理論は諸説ありますが、共通している点は人の行動には欲求を満たそうとする力がはたらいているということです。自身の性格や人格、役割に対するイメージによって欲求が異なりますが、その欲求は状態に対してとても大きな影響を与えています。

## ■人の行動を、性格のせいだと簡単に決めつけない

　ヒューマンヒエラルキー図でお伝えしたように、人は決して一面的ではなく多面的な要素を含んでおり、さらに何層にも重なって人柄がつくられています。決して、人の言動を、単に性格のせいなのだと決めつけてはいけないのです。

　この４階層は、上階層ほど変化しやすく、言動となって表面化しやすいという特徴があります。最も変化しやすいものは状態ですから、自分から見て相手の行動が好ましくないと思った際に、まずはその人はどのような状態にあるからだろうかと考えることが大切です。どのような状況に置かれており、どのような人間関係の中で生きており、どのような欲求が満たされていて、どのような欲求が満たされていないのか。そこに想像力をはたらかせる必要があります。

　菊池先生の児童への接し方は、その子どもの言動を決して性格や行動特性だと決めつけず、相手を理解しながら導いていこうというスタンスであるように思います。菊池実践では、今回お伝えしたパーソナルヒエラエルキーに沿った教育、学級経営がなされているのが分かります。

　その例の一つが価値語です。菊池学級の子どもたちがつくった価値語に次のようなものがあります。

「目標をつくるべし」

「教室に入るときには仮面をかぶれ」

「教室では何事に対しても対抗意識をもとう」

「人と意見を区別する」

　これらの価値語は、役割と関係性によって成長するという原則を見事に盛り込んだ言葉だと思います。

## ■人は人によって人柄がつくられる

▲菊池実践における「可能性と行動のループ」

　先ほども触れましたが、人の成長というものは役割と関係性によって大きく促進されます。なぜならば人格は、人間関係の関わりの中で様々な経験をすることによって形成されるからです。可能性と行動のループを思い出してください。人は誰しも幼い頃はいろいろなことに興味を示し可能性を感じて、様々なことにチャレンジします。小さい子どもはやったことがないことは何でもやってみたいのです。そもそも人は成長に対して意欲的なのです。だから子どもたちはどんどん行動します。ところが、生育環境によってマイナスループとプラスループに道が分かれます。

可能性と行動のループにおける価値観の部分、すなわち行動の結果に対しての価値付けは、周囲の大人の影響を受けるからです。むしろ幼い頃はほとんど大人が価値付けると言っても過言ではありません。さらに、その価値付けの繰り返しによって、自己イメージができあがっていきます。その自己イメージが、その人の行動パターンをつくりだしていくのです。いかに周囲からの価値付けが重要なのか分かっていただけるかと思います。

菊池実践では、可能性と行動のループにおいてその原理に従った成長環境の用意、教育方法が行われています。だから、児童たちが自己イメージを変えてどんどん成長していくのです。

学校も職場も、それまでの育成環境や人生経験の中でつくりあげられた自己イメージをもった個人が集まっています。当然ながら考え方や価値観も異なります。そもそも異なっている個々人が集まっている集団がどうしたら成長していくのかについて考えてみましょう。

### ■集団成長・チームビルディングの原理

学校現場でも 集団がまとまらず、規律の欠けたクラスがあるように、企業においても多くの組織が理想的な姿とはほど遠く、機能不全に陥っていることが問題になっています。企業組織における教育研修や組織づくりと、学校現場における学級の集団づくりとはやや異なることもあると思いますが、原理原則は同じだと認識しています。

ここでは、チームビルディングの視点で組織づくり・集団づくりについて考えていきたいと思います。

初めに、チームとは何かについて考えます。チームと対比して使われる言葉がグループです。ただ人が集まっている状態をグループと表現します。グループとチームの違いは、共通の目的・方向性をめざしている集団かどうかです。多くの企業組織においても、学校における学級でも、共通の目的・方向性をめざしているチームは少ないのが実情ではないでしょうか。この共通の目的・方向性がないとチームをつくることはでき

ません。もう少し全体像についてお話しします。

## ■集団づくり・チームづくりの根幹にあるもの

　次の図は、チームの目的と方向性、計画についての全体像です。
それぞれの言葉を説明します。

ミッション　使命・理念をさします。この組織が存在する理由とも言え
ます。その後の計画行動を含む全ての根幹となるものです。

ビジョン　ミッションを具現化したものです。理想像・イメージとも言
えます。視覚化されており皆が同じ認識で理解できる必要があります。

バリュー　チーム共通の価値観をさします。人には個性がありますから
それぞれ考え方は異なりますが、その個々人の価値観よりも重視すべき
存在になります。

ウェイ　価値観を行動として表現したものです。行動規範や行動指針と
も言えます。普段の言動があるべき言動かどうかの判断基準となります。

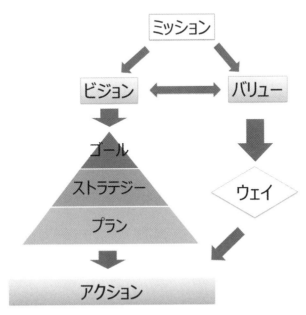

▲目的と方向性、計画の全体像

**ゴール** ビジョンの実現に向けてめざすことを、具体的に期間を設けて表現したものです。ゴールの表現は明確である必要があります。

**ストラテジー** ゴールを達成するための戦略です。ゴール達成に必要な様々な要素について、どのような取り組みをしていくかの大枠を考えます。

**プラン** ストラテジーを細分化して具体化した計画です。

**アクション** プランの実行をさします。計画実行の際に意識すべきはウェイです。どんな手段でも遂行するのではなく、ウェイに沿った言動を取りながら行動をしていきます。

　この目的と方向性、計画の全体像を学校現場に置き換えると、次の図のようになるのではないでしょうか。

　学校現場のことは詳しくは分かりませんが、菊池先生はじめ菊池実践

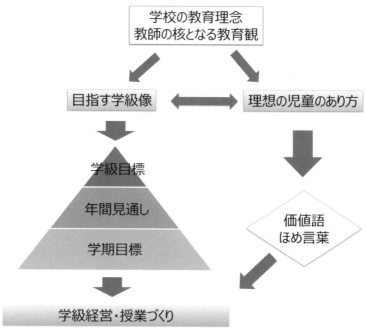

▲学校現場における「目的と方向性、計画の全体像」

をされている先生たちと、学級経営に苦戦している先生たちの違いを見ている限りでは、これらをしっかりと考えているか、ちゃんと立ち戻っているかが根本的な差を生み出していると思います。

　特に、「教師の核となる教育観」をしっかりとブレないで芯にもっているかどうか。「目指す学級像」「理想の児童のあり方」が、児童全員が生き生きとしており、主体的で対話的な深い学びができるための要素を含んでいるか。「学級目標」の実現をあきらめずに本気で取り組み続けているか。学級経営の「年間見通し」「学期目標」を描いているか。「価値語・ほめ言葉」などで児童に価値付けをしているかどうか。こうした点がポイントではないかと考えます。

## ■集団・チームは段階を経て成長する

　人に発達段階があるようにチームにも発達段階があります。その代表的な理論がタックマンモデルです。

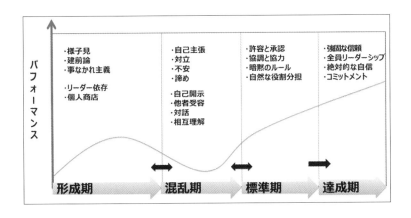

　チーム成長には4つの段階があるとするもので、チームビルディングでは広くこの考えが使われています。学級づくりにも当てはまる考え方ですし、菊池実践はまさしくチームの成長段階に沿った学級経営が進められています。

　第1段階は形成期と呼ばれており、チームとしてメンバーが集まった

ときから次の段階に進むまでの間です。

　形成期では、協働経験もコミュニケーションも十分にされていないため、関係性もできておらず、チームのビジョンやバリューも浸透していません。そのため、メンバーは様子見状態となり、周囲の言動を待った上で自身の行動を選択しようとします。お互いの立ち位置や行動を手探りの中で徐々に見つけていきます。往々にして、メンバーはリーダーに依存し、関係性がないために本音を言わず、事なかれ主義のもと建前論で物事が進んでいきます。

　世の中のチームで最も多いのは形成期だとも言われています。これはできたてのチームが多いからではなく、何か月、何年、何十年も形成期で止まったままのチームや、混乱期まで成長したが再度形成期に戻るチームもあります。

　一昔前に是とされたカリスマリーダーは、チーム段階は形成期のままで、統率力をもってメンバーをまとめあげます。メンバーはリーダーの指示のもとで言われたことを全力でこなします。優秀なリーダーが早くチームの成果を出すには、この統率型でチームをまとめるのが効果的です。一方で、この状態のメンバーはリーダー依存になっているため、主体的に考えたり、メンバー同士の強固な関係を築いたりすることがしにくい状況になります。すると、メンバー個々人の能力や意識、成長度合いによってチームについていけるかどうかの差が生まれます。多くの企業組織においては、ついていけないメンバーは脱落者としての烙印を押されて過ごすか、組織を去っていくことになります。教育現場の教職員にも同じようなことが起きているかもしれません。一斉指導・画一教育が行われていた学級の中でも同様かもしれません。

　第2段階は、混乱期と呼ばれ、メンバーが自己主張を強めるために摩擦や衝突が起きているのが特徴です。この第2段階がチーム成長の大きな分かれ道となります。すなわち、第2段階を乗り越えて次のステップへと進むことができるか、乗り越えることができず再び第1段階に戻ってしまうかに分かれます。

残念なことに多くの組織は後者の道を進み、第2段階を乗り越えることができません。まずはそのプロセスを説明します。

　先述したように、第2段階は自己主張による衝突が起きます。この衝突において均衡が崩れると、意見の通る人と意見が通らない人という対立構造をつくりだします。権力や立場の強い者が、メンバーの主張を受け入れず、高圧的な態度や威圧的な態度をとって、自身の主張のみを押し通すようになる場合は、メンバーは不安や恐怖すら覚え意見が言えなくなってしまいます。そうすると、本音が言えず事なかれ主義の建前論チームに逆戻りしてしまうのです。

　一方で、第3段階へと進むプロセスを見ていきましょう。ポイントは自己主張における衝突が起きた際に、相手の意見を受容するということです。主張する側も、相手を責めたり、「べき論」ばかりを唱えたりするのではなく、自分自身が感じていることや考えている本音を自己開示する必要があります。この自己開示と他者受容が相互理解を促進し、互いが認め合い対話ができる状態をつくりだします。

　続いて第3段階です。第3段階は標準期と呼ばれ、チームとして標準的に機能していることを表しています。つまり第3段階にきていなければチームとしての力は発揮されていない状態であると言えます。

　第3段階の特徴は、お互いの違いを許容し承認し合うことにより調和が保たれていることです。チームとして進んでいく方向を共有する対話がなされ、互いに協力することにより前に進んでいきます。協力体制における役割分担は、誰かが指示するわけではなく暗黙のルールのもとにそれぞれが自分の役割を見つけて行動に移します。

　この第3段階は、第1段階の最盛期とよく間違われますが、第1段階における役割分担と第3段階における役割分担の異なる点は、決められた役割なのか自然と担う役割なのかの違いです。

　最後の第4段階は達成期と呼ばれています。この段階になると、チームメンバー内に強固な信頼関係が生まれ、全員がリーダーシップをとるようになります。すなわち誰かの指示によって動くのではなく、チーム

メンバー全員が主体的に言動するようになります。この状態は白熱した議論は起きても対立や互いの攻め合いは起こりません。またチームに対する自信が高まり、強い効力感をもつために卓越した達成意欲や挑戦意欲が生まれます。

## ■年間見通しとチームビルディングの活用

　菊池実践は、チームビルディングに合致した、学級目標の年間見通しを立てています。学級目標やめざす学級状態、理想の児童像、これらはすぐに実現するものではなく段階を踏んだ成長の先に実現するものだという考えが前提にあるのです。

　そのため、児童の成長を待ち、クラスチームの成長を待ち、その段階状況に応じた教師の関わりができるのだと思います。

　下の図は、チーム成長段階と学級づくりを表したものです。

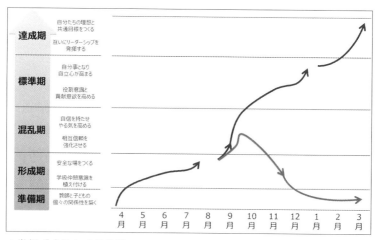

▲学級づくりと成長段階

　成長4段階に加え、チームづくりの前に行うべき教師と子どもの関係づくりを準備期として付け足しています。

　スムーズに学級経営が行えた場合は、達成期まで到達しているような

曲線を描きますが、途中で下がってしまう学級も少なくはないかと思います。

　この図では9月に運動会があるという設定のもとで、2学期運動会後から学級状態が悪くなっている様子を表しています。

　上に上がる曲線も下に下がる曲線も、あくまで一例ではありますが年間見通しのイメージとしてはこのような感じかと思います。

　成長段階の右側に書いてある項目は、次の成長段階に行くための必要要素を表しています。

　準備期は教師と子どもの個々の関係性をつくること。最初にすべきことは児童個々人と教師の縦の関係性をつくることです。人は信頼関係がない人からの言葉は耳に入ってきませんので、まずは子どもとの信頼関係をつくる必要があります。

　次にすべきことが学級の仲間意識を植えつけることです。この時のポイントは2つで、1つは学級全員にとって共通の目的、すなわち学級目標をお飾りではなく本当にめざすものとして児童たちに伝えていくことです。学級目標と合致した価値語やほめ言葉をふんだんに教師が使うこともとても大切です。もう1つは、全員がクラスのメンバーなのだということを認識させることです。菊池実践では「○○な34人の学級」という学級目標を掲げています。この人数が入ることによって、少し距離をとって見ている子どもたちも自分がその中に入っているということを認識するのです。クラスの誰かがよい行いをした時にクラス全体をほめるという教師のほめ言葉も所属意識や仲間意識を高める効果をもたらしていますし、クラスメンバー全員の自画像を用意し意見を発表する際に黒板に貼っている授業法も仲間意識を植えつけます。

　続いて「安全な場をつくる」ですが、「安全な場」とは、不安や恐怖がなく意見が言える場のことです。全員に発言する機会があり、どのような発言でも否定されず受け入れてくれる空気がある場とも言えます。挙手指名制や教師の求める絶対解だけを言わないと否定されるような授業運営の場合は、安全の場はつくられません。むしろ、答えが分からな

い者にとっては不安と恐怖の場になります。だから当てられたくないし発言をしたくないのです。菊池実践で行っている、子どもの発言を否定せずに受け止めること、意見の個性を認めること、ほめること、拍手をすること、拍手をさせること、ほめ言葉のシャワーはまさしく安全の場づくりを行っていると言えます。

　混乱期の１つめにある「相互信頼を強化させる」というのは、教師と児童、児童同士の相互信頼を表しています。ここでは先述したように自己開示と他者受容を促していきます。教師と児童の関係づくりでは、大きな効果を発揮するのが成長ノートです。児童にとってもっとも自己開示をしやすく、教師にとって児童を受容していることを伝えやすいのです。子ども同士の関係づくりで言えば、ほめ言葉のシャワー、質問タイム、グループで取り組む課題、絶対解ではなく納得解の話し合い、難易度の低いディベート、などが当てはまります。

「自信とやる気を高める」は、学級全体としての“小さなできた”や成功体験を味わわせてあげることです。教師のほめ言葉、全員で行うディベート大会、学校行事、学級イベントなど何でもよいので、皆で取り組んで「できた！」「やった！」という経験をさせることです。

　標準期の「役割意識と貢献意欲を高める」は、パーソナルヒエラルキーでも書きましたが人は役割によって人格がつくられていきますので、子どもたち一人ひとりに役割を与える必要があります。菊池実践で言えば、少人数での話し合いやグループでの取り組み、ディベート、係活動など様々なところで全員が何かしらの役割をもつという場面を多くつくっています。

　チーム成長のステップを経た上で、自分に自信をもち、自身の役割を認識していると、自分事となり自立心が高まってきます。

　達成期の「互いにリーダーシップを発揮する」というのは、周囲が気づいてないことを発言したり、提案したりすること、困っている仲間がいた時に率先して助けたりすることなどです。菊池実践においては、自分の得意なことが活かせる係活動も当てはまりますが、価値語がここで

も効果を発揮していると考えます。「一人が美しい」「一人をつくらない」という価値語はリーダーシップを育てる言葉です。チームがまだつくられていない状態の時から、言葉を植林し続けることによって、開花する時期がきた時に大きく実を結ぶのだと思います。

　最後の「自分たちの理想と共通目標をつくる」は、自分たちの言葉でクラスの約束事や目標を決めていくことです。図では2月、3月に達成期になるように書かれていますが、チーム成長がスムーズに進む場合は、もう少し早い11月から1月の間に辿り着くクラスがあるのかもしれません。

　このように年間見通と学期目標を定めることで、段階的な学級づくりがしやすくなるのです。

### ■菊池流飛込授業の構成

　菊池先生は45分の飛込授業の中でも、人が育つ原理原則や集団が育つ原理原則を意識されています。ここでは、45分間の授業構成を、主にチームビルディングの成長段階をもとに考えてみたいと思います。

　先生ご自身もおっしゃっているように、菊池先生は45分の授業を15分ずつに区切り、3つのタームに分けて構成されています。

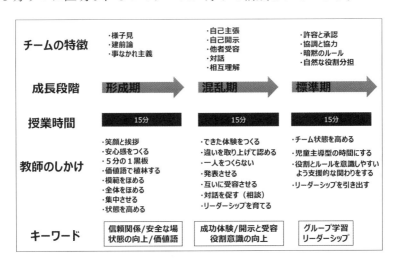

最初の15分は、チームビルディングの形成期にあたります。

　児童たちは初めて見る教師に対して、どのような人なのか様子見をします。多くの場合が初対面になる授業ですから、授業の冒頭は関係づくりに全力を注ぎます。笑顔で接し、ほめ言葉を子どもたちに浴びせます。ただ、スタート時に関係をつくるだけではなく、規律あるスピード感のあるクラスにするために、拍手、5分の1黒板、価値語、ほめ言葉、教師自身の機敏な動きなどを多用しています。

　児童たちには、何を言っても否定をされず、受け止めてくれて、ほめてくれて、拍手がもらえる安全な場がつくられます。安全な場づくりに、クラス全体を巻き込んでいるのがポイントでもあります。教師だけが笑顔でいて、拍手をしてくれて、発言を受け入れてくれても、それだけではクラスが安全な場とは言えません。菊池先生はそれらを児童同士でもさせることによって否定できない空気、応援する空気をつくっています。

　中盤の15分はチームビルディングの混乱期に当たります。この15分では、個々人がしっかりと授業に取り組み、できる限り自分なりの答えを考えて発表するようにさせています。それが「できたという成功体験」を生み出し、自信とやる気が高まります。この15分では教師が指名する⇒児童が発表する⇒全員で拍手を送る、という機会をたくさんつくります。また、児童同士の共有時間や相談時間も設けます。そのときに、一人で輪に入れない子がいたら「一人をつくらない」ように促し、期待通りの行動をとった児童を価値付けます。「一人をつくらない」「一人が美しい」がリーダーシップの発揮につながっていきます。

　終盤の15分は、チームビルディングの標準期です。最後の15分は子ども中心の授業展開となります。「主体的で対話的な深い学び」ができる学級というのは、チーム状態も個々人の状態もよいので、教師が手取り足取りの指示や指導をする必要がありません。菊池先生はまさしくその学級状態をつくろうとしています。ですから、授業内容はグループ学習やチーム対抗などが多く、児童たちがリーダーシップを発揮して各自が役割を意識して話し合いができるように、教師は支援的な声かけや

価値付けをする関わり方をします。

　この授業構成で大切なのは抑えるべきポイントと順序です。人も集団も成長プロセスがありますから、そのプロセスをしっかりと行うことで成長を促すことができるのです。

　ここでは、45分の授業構成と教師のしかけについて簡単に述べましたが、次の章からは菊池先生の実際の飛込授業を分析しながらさらに深い学びをしていきます。

　第3章で冒頭15分、第4章で中盤15分、第5章で終盤15分を詳細に取り上げます。

　いずれの章も、飛込授業を参観した参加者の感想、教育カウンセリング視点からの分析、選択理論心理学視点からの分析、NLP（神経言語プログラミング）視点からの分析、チームビルディング（統合組織開発）からの分析という内容になっています。

第 **3** 章

# 最初が肝心！
# まず関係性と空気をつくる！

## **1** はじめに

# 菊池実践の極意が詰まった 15 分

株式会社カイシン　組織開発コンサルタント　牧野　真雄

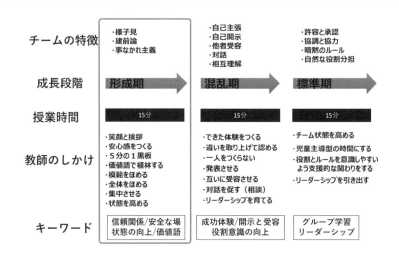

| チームの特徴 | ・様子見<br>・建前論<br>・事なかれ主義 | ・自己主張<br>・自己開示<br>・他者受容<br>・対話<br>・相互理解 | ・許容と承認<br>・協調と協力<br>・暗黙のルール<br>・自然な役割分担 |
|---|---|---|---|
| 成長段階 | 形成期 → | 混乱期 → | 標準期 → |
| 授業時間 | 15分 | 15分 | 15分 |
| 教師のしかけ | ・笑顔と挨拶<br>・安心感をつくる<br>・5分の1黒板<br>・価値語で植林する<br>・模範をほめる<br>・全体をほめる<br>・集中させる<br>・状態を高める | ・できた体験をつくる<br>・違いを取り上げて認める<br>・一人をつくらない<br>・発表させる<br>・互いに受容させる<br>・対話を促す（相談）<br>・リーダーシップを育てる | ・チーム状態を高める<br>・児童主導型の時間にする<br>・役割とルールを意識しやすい<br>　よう支援的な関わりをする<br>・リーダーシップを引き出す |
| キーワード | 信頼関係/安全な場<br>状態の向上/価値語 | 成功体験/開示と受容<br>役割意識の向上 | グループ学習<br>リーダーシップ |

　最初の 15 分は教師と子どもの関係性を築くことに重点がおかれています。この時間で適切な関係が築かれるかどうかによって、残りの授業がどのように進んでいくのかが決まります。

　15 分の中でも冒頭部分は教師と個々の子どもとの関係性がより重要になります。それは、学級・クラスの雰囲気という集団力学がはたらく前に、個々人がそれぞれに菊池先生への印象をもち、無意識のうちに自分なりに評価をするからです。先述した準備期とも言えるかもしれませんが、菊池先生はおおよそ 3 分以内にこの最初の関係性を築いているように思います。

　そして、子どもたち一人ひとりが抱く先生への第一印象や様子見状態が学級全体に影響を与えます。ここから学級全体にアプローチをしてい

くのですが、様子見をしている学級はやや緊張状態にあり静寂さを保つことがほとんどです。そこで、菊池先生は静かな間に教室ごとにポイントとなる価値語を植林して、その後は緊張を一気に緩めるためにユーモアを交えて子ども同士で話をさせます。子どもたちは緊張から解放されるために嬉しそうに話をします。この解放や拍手、笑顔によって子どもたち一人ひとりの『状態』が高まっていきます。

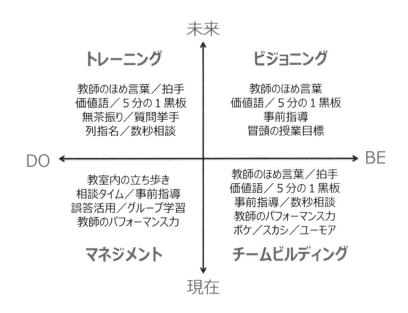

教師の4つの役割についても見ていきましょう。

冒頭の3分は、チームビルディングに力を入れながらも、ビジョニングに重点を置いています。そこで活用されるのが、教師のほめ言葉、価値語、5分の1黒板です。

冒頭以外はチームビルディングに最も力をいれています。教師と子どもの関係づくり、児童の状態向上、教室の空気感（スピード、テンポ、規律、笑顔、メリハリ、拍手、安心感）、子ども同士の関係状態による学級全体の高いエネルギーを最初の15分でつくりあげます。その中でも、当然ながらマネジメントとトレーニングも行っています。

## ② 授業記録【初めの 3 分の 1】

授業動画は、こちらからご覧いただけます。　**YouTube QR コード ≫**

https://youtu.be/yjIG3Qi6AOo

6 年 1 組授業記録

| 時間 | 菊池（太字：言語　細字：非言語） | 子どもたち<br>（太字：言語　細字：非言語） |
|---|---|---|
| 0 分<br><br><br><br>10 秒 | 教室をのぞく。<br>こんにちは。<br>**先生、拍手があるとうれしいんですけど。**<br>教室に入る。<br>**ありがとうございます。** | 拍手をする |
| 13 秒<br><br>20 秒<br><br><br><br><br><br>47 秒 | **世界共通のマークを描いていい？**<br>みんなを見ながら○を向かって黒板の左上に描く。<br>一度書くのを止めて、みんなを見る。うなずく。マスクを直す。<br>**（小さな声で）分かったら手を挙げる。**<br>目を一つ描く。<br>**世界共通です。**<br>もう一個目を描く。<br>**笑顔で隣の人にあんたまだ分からんのかと聞いてごらん。**<br>両手を前に出しながら<br>**どうぞ。（7 秒後）はいやめましょう。続き描ける人。** | はい<br><br><br><br><br>すぐに手を挙げる子あり<br>10 人ほど手を挙げる。 |
| 1 分 14 秒<br><br><br>1 分 23 秒<br><br><br><br><br>1 分 40 秒 | **えらいねえ。**<br>チョークを一番前の席の女子に渡す。<br>**拍手の準備してますか？正解が出ると思います。いい拍手は、強く細かく元気よく指の骨が折れるくらいたたくんです。はい、大きな拍手。**<br>**はい、ありがとう。**<br>みんなを見てにこちゃんマークを指さしながら<br>**これみなさんのことですね。6 年 1 組さん。**<br>にこちゃんマークの上にマスクを描く。<br>マスクを指さしてみんなを見ながら<br>**マスクの下は笑顔で。いい？笑顔の 45 分にしたいと思います。よろしいでしょうか。**<br>**いいぞという人は先生にやる気の姿勢を見せてください。ほうほう、いいですね。** | 5 人ほど手を挙げる。<br>一人の女子が当てられて、チョークをわたされる。<br>にこにこマークを描く。<br><br>拍手をする。<br><br><br><br><br><br>うなずく。<br>はい<br>姿勢を直す。 |
| 1 分 58 秒<br><br><br><br>2 分 5 秒<br><br>2 分 30 秒<br><br>2 分 35 秒<br>2 分 45 秒 | **先生時々、やる気の姿勢とか言いますから、その時には、背をこんくらい（指で 3 センチくらいの幅を示す）高くしてください。**<br>**もうちょいやる気の姿勢をしましょうか。5 ミリやる気の姿勢に。すごいですね。いいですね。この教室は。**<br>**よし、じゃあ立ち姿も見てみたいと思うので、はい、全員立ちましょう。**<br>**いい。この方どなたか。ね。いい。**<br>教室に向かって右側で、菅官房長官（当時）が令和の称号を持っている写真を見せながら<br>**そうですね。はいじゃあ、この方、この方がどんな人か隣の人と 7 秒だけ相談しましょう。** | すぐに姿勢を直す。<br><br><br><br>全員立つ。<br>椅子を入れて立った子どもが多い。<br><br><br><br>隣の人と向かい合って相談をする。口々に言う。小さな声で呟く子もいる。<br>菅総理大臣（現在）<br>令和の人 |

| | | |
|---|---|---|
| | よし。はい。じゃあ何か言えるぞという人座りましょう。知らなくてもいいんだよね。知らなくても。 | 座る。 |
| 3分10秒 | 手のひらを上に向けて、当てる列のほうに挙げる。よし、はい、じゃあこの列立ちましょう。何か言ってくれるでしょう。手をもう一度挙げ、一番後ろの児童の方に向ける。はい、じゃあ一番後ろのお友達から。はいどうぞ。なるほど。このときの役職は官房長官で、今は総理大臣。なるほど。 | 指名された列の児童が立つ。<br><br>この前までは官房長官で今は総理大臣。 |
| 3分25秒 | はいどうぞ。令和の令号を発表した時のシーンですね。<br><br>あ。令和おじさんと呼ばれている。いいじゃないですか。ねえ。こういうときはねえ、知っている知識を思い出す力、これ全部、勉強そうだよね。あの時習ったなあとか、あの時読んだなあとかねえ。あの時したなあとか思い出す力、大事ですよね。どうぞ。あ、菅官房長官ね。 | 令和の令号を発表した人。<br><br>令和おじさんと呼ばれている。<br><br><br><br>菅官房長官 |
| 3分50秒 | 令和っていう元号を最初に発表された人。いいねえ。 | 令和を発表した人 |
| 4分 | 教室前黒板に向かって左側へ移動しながらチョークを持ち振り返りながら。先生ねえ左側の黒板を縦に切るような動作でこっちに気になるというか、あなたたちのいいところだなあというところを書きますね。黒板の左側（5分の1黒板）「ひとりひとりちがっていい」「思い出す力」と書く。子どもたちの方に振り返る。ボーっとしないで思い出す、思い出そうとする。これとっても大事ですよね。すべての勉強において。はい。 | 子どもたちは真剣な目で先生の方を見ている。 |
| 4分25秒 | はい。今日は実は。菅官房長官の写真をさしながらこの菅官房長官、菅総理大臣のことではなくて、令和の元号の写真のところを指で2回丸を描くように囲みながら君たちが中心となって生きるこの令和時代についてみんなはどんなことを考えているのかなあというようなことを。ねえ。黒板に「川柳」と書く。で、考えてみたいと思います。読める人？<br><br>これだけいるんだから。いいないいな。少しかがみながら、顔の前に両手で、マスクの形を大きく動作しながら。マスクの下は笑顔になってくださいね。 | 1/3くらいの児童が手を挙げる。 |
| 5分 | 一番前の席の机を持ってもたれるような動作で笑顔で隣の人に、あんた本当に読めるのかと聞いてごらん。はいどうぞ。どれだけ聞いてもダメなら教えてあげるとか。こうだよとか。もたれるのをやめて右手を挙げてはい。読める人。 | 隣の人に向かってあんたホントに読めるのか。<br><br>ほとんどが手を挙げる。 |
| 5分17秒 | 速い。教室の後ろにいる見ている教師の方へ移動してこの教室いいですね。先生。ね。見てください、これ。後ろの教師たちのところに行き右手の、こう、まっすぐ伸ばしてですね。 | 菊池先生の動きを目で追う。 |

| | | |
|---|---|---|
| | 後ろの席の女子が挙げている手の中指を示しながら<br>中指の爪の先を天井に突き刺す。 | |
| | その児童の手首を持って軽く揺らしながら | その様子を見ながらふふっと笑う |
| | そして、ばっばっくっ | |
| | あっ、ここの、この、この、この力を入れているのが僕は一生懸命発表するの、だからみんなも一生懸命聞いてねという思いの強さを、この手の指の伸びと強さが | |
| | 手を離して、教室の前方に移動しながら | |
| | なってるんですよ。 | |
| | はい、どうぞ。 | はい、川柳です。 |
| | はい、川柳ですね。はい。 | 同じです。 |
| | じゃあちょっと聞いてみよう。 | |
| | その前にこの紙を使って書くので、はい、ここに、ね | |
| | ここにさっき2組さんだったかな。 | |
| | 白い紙を指さして示しながら | |
| | めっちゃね、ずらーっとね、堂々とした文字で名前を書いてたんですよ。 | |
| | 1組、負けるなよ。 | |
| | いい？ | うなずく |
| | はい、ここに、堂々とした太い文字で、名前を書いてください | 名前を書く |
| | 前の席の男子に紙を返す | |
| | ね | |
| | 鉛筆で | |
| | ね、書けたら「書けました」と言ってください。 | 鉛筆で書くんですか？ |
| | 名前を書いてください。 | |
| | できれば日本語で書いてください。 | |
| | 時々ロシア語で書く人がいて、先生は読めません。 | |
| | 書けたら「書けました」と言ってください。 | 書けました。 |
| | はい、1番、2番 | 前を向く。 |
| | はい、3番 | 口々に「書けました」と言う。 |
| | はい、4番 | |
| | はい。 | |
| | 下を向く。 | |
| | すごい、いいねえ、ほんとに。 | |
| | クラスを見渡す | |
| | いいねえ。 | |
| | うなずく | |
| | ね。 | |
| | 一生ついて回る自分の名前ですもんね。 | |
| | そうだよねえ。 | |
| | はい。 | 書けました。 |
| | 横に数歩動き、教卓の方に戻りながら | |
| | 素晴らしい。 | |
| 6分43秒 | じゃあちょっと聞いてみよう。 | |
| | 板書の"川柳"という文字を指で示す | |
| | 川柳っていうのは、ね。 | |
| | あの、どんなのを川柳と言うんでしょうか。 | 菊池先生を目で追う。 |
| | 5分の1黒板の"思い出す力"に波線を引く | |
| | 5分の1黒板の"ひとりひとりちがっていい"を指さしながらうなずく | |
| | 5分の1黒板の"思い出す力"を指さす | |
| | 腰をかがめて手を振る | |
| | だって辞書があるわけじゃないもんね。 | |
| | 5分の1黒板の"思い出す力"と、"川柳"を指さして、児童の方を向き | |
| | はい、川柳、どんなのを川柳と言うんでしょうか。 | |
| | 手で机をさしながら | |

| | | |
|---|---|---|
| | はい、ずばっと、はい、そこの、その紙に、はい、書きましょう。 | 紙に書き始める。 |
| | 数歩前に進む | |
| | ね、一生懸命悩んで、ね、考えて。 | |
| | 後ろに戻りながら、書くジェスチャー | |
| | 思い出して、思い出してみてください。 | |
| | 前の席の児童の書いている内容を見ながら | |
| | ほう…。 | |
| | 教室を歩きながら | |
| 7分17秒 | ほう。いいねいいね。いいところいってますね。 | |
| | おお。なるほど。すごいねえ。もう2つ目書いてる、あ、3つ目にいきました。速いですねえ。 | |
| | もう3つ書けた人って言ったら手が挙がるんですね。何人か、ね。 | |
| | で、2つ書けた人って言ったら2つ、手が挙がるんですね。 | |
| | ただ、2つ書けてない子は焦るんですよね。 | |
| | 楽しいですね。 | |
| | 教室の前に小走りで戻りながら | |
| | はい、やめましょう。 | |
| 7分46秒 | 正面を向いて | |
| | はい、じゃあね、一生懸命悩んで考えて、ね、それでいいんだよね。 | |
| | ね。 | |
| | そうだよね。 | |
| | だってなぜかって | |
| | クラス全体を指さしながら | |
| | 言うとこれだけ友達がいるんだから、友達となんて書いた？って教え合えばいいんですよね。写し合えばいいんですよね。 | |
| | はい、じゃあちょっとそれやってみたいと思いますね。 | |
| 8分 | 手で楕円を描くジェスチャーをしながら | |
| | はい、じゃあ自由に席立っていいので、友達と、なんて書いた？って写し合いましょう。 | |
| | はい、どうぞ。 | 席を立って友達のところに行く。 |
| | | 何書いた？ |
| | | 友達と話し合う。 |
| | | 俳句と違って季語はいらない。 |
| | | 同じ。 |
| | | 思ったこと。同じ。 |
| | | 季語はなくてもいい。 |
| | | 同じ。 |
| | なるほど。写し合うんだ。 | 友達から聞いた内容を紙に書き写す。 |
| | なるほど。 | |
| | なるほど。おっ。なるほどねえ。すごいなあ。 | |
| | ああ、いいねえ。 | |
| | はい、じゃあそこまでにしましょう。 | |
| | はい、戻りましょう。 | 自分の席に戻って座る。 |
| 8分57秒 | おっ、いいね。いいよ。今続き、続き書いていいよ。書いていいよ。 | |
| | うなずきながら | |
| | いいよ。 | |
| | 今、あの友達の話したの書いていいよ。 | |
| | 子どもの顔を見ながらうなずく。手で促すジェスチャー | 菊池先生の顔を見る。 |
| | どうぞ。 | 紙に書き始める。 |

| | | |
|---|---|---|
| | なるほど<br>紙の書いてあるところを指さし、子どもの顔を見て、声を少し小さくして<br>これ、短歌か、短歌かなんかって友達が言ったの？<br>姿勢を戻して<br>なるほど。<br>じゃあ、ちょっと聞いてくれる？<br>あのね。<br>男子の書いた紙を取りながら<br>ちょっといい？<br>あの、彼、今ね<br>教室を指さしながら<br>友達の言ったこと書こうとしてたんですよ。<br>男子が書いた紙を見せながら<br>これ、なんという漢字を書こうとしてるか分かる？<br>教室を見回す。<br>うん、彼、答えてくれました。<br>うん。 | 菊池先生の顔を見ながらうなずく。<br><br>菊池先生を見る。 |
| 9分17秒 | 子どもたちに背を向け、空中に"短歌"と書く。<br>男子の顔を見て、顔を上げて<br>分かる。<br>いい友達がいるなあ。<br>女子の方を見て手でさす<br>短歌ね、うん、短歌ということを聞いて、それを<br>紙を示しながら | 軽くうなずく。<br><br>短歌 |
| 9分58秒 | 写して書こうとしているんですよ。<br>教室全体を輪を描くように手でさしながら<br>一生懸命友達と、ね、教室はそういう場所だもんね。<br>彼をさしながら<br>一生懸命考えて悩んで<br>紙をさしながら<br>鉛筆を動かなかったけれど、<br>教室をさしながら<br>友達のところに行って、ね、<br>紙をさしながら<br>少しでも書こう書こうとしている<br>彼をさしながら<br>彼がいる。<br>いい教室じゃないですか。<br>いや、先生本当にそう思うんですよ。<br>彼をさしながら<br>そしたら指の骨が折れるような大きな拍手をその人に贈ろうと思うんですよね。<br>教室全体をさしながら<br>そしたら自然と拍手がわき起こるんですね。<br>強めの口調で、教室全体をさしながら<br>今から1秒以内に。<br>はい、彼に大きな拍手。<br>彼の肩をポンポンと触りながら<br>すごいなあ。～～～～～～ | 短歌を書こうとした彼：うなずく<br><br><br><br><br><br><br><br>短歌を書こうとした彼：うなずく<br>姿勢を正す。 |
| 10分38秒 | はい、じゃあちょっと聞いてみようか<br>子どもたちの席まで歩き、手を広げて列を示す<br>はい、じゃあ、はい、この列、はい立ちましょう。<br>はいこの列、はいこの列。<br>ちょっと急いでね。<br>廊下側の子どもをさしながら<br>はい、とっておきの、はいじゃあ、こちらの方から | えっと、五・七・五です。 |

| | |
|---|---|
| あ、五・七・五なる、五・七・五の 17 音からできているんだと。なるほど<br>はい、どうぞ<br><br>あ、自分の思ったことを言うんだと、なるほどね。なるほど<br>はい、どうぞ<br>あ、なるほど。季語が入ってるのは何？<br><br>季語が入ってるのは何？<br><br>手を動かしながら説明する。左側をさすときは俳句、右側をさすときは川柳、その後、黒板の川柳も手でさし示す<br>俳句。あ、俳句は季語が入る。で、入らないで思ったこと、どちらかというと川柳というのは人や事柄の方を、ね、詠むのが、川柳。<br>自然を詠むのが俳句、なるほどね。<br>はい、どうぞ。<br><br>あ、今みたいなところが違う。なるほどね。<br>ちなみにね、その季語もあるけど切れ字とかってあったでしょ。けりとか。そういったものを使わなくていいのが川柳だそうです。<br>ちょっとあとでもうちょっと出てくるから、その時楽しみましょう。<br>はい、どうぞ。<br><br>題に沿って書く、いいじゃないですか。このシンプルイズベスト。<br><br>なるほど。<br>発言した子どもと握手をする。強く握る。<br><br>はいどうぞ。 | 言い終わったら座る。<br><br>自分の思ったことをリズムにする。<br>紙を見ながら発表し、最後は先生を見て発言する。発言が終われば座る。<br><br>季語を入れなくてよい、です。<br>言い終わったら座る。<br>はい？<br><br>俳句<br><br>うなずく<br><br>俳句とは少し違うもの。<br>先生を見て発言し、確認してうなずいてから座る。<br><br><br>題に沿って書く<br><br>はい<br>笑顔で先生と握手<br>季語を使わない五七五の俳句です。 |
| **11 分 50 秒**<br>あ、季語を使わない五七五の俳句のようなものだと。あ、なるほどね。<br>いやちょっとこれ考えてみたいんだけど、実はね。<br>黒板の川柳に言葉を付け足し、令和川柳コンテストと書く。<br>ていうのが日本で行われていて、ね、今、令和2年でしょ。<br>令和元年、昨年度、から始まってるんですよ。ね。<br>子どもたちを見ながら<br>その昨年度の、まずね、優秀作品を今から発表したいと思います。ね。<br>あ、発表したいと思いますって言ったら、こう、リアクションよく、<br>拍手しながら<br>わーっとかね。<br>右手を挙げて止める<br>あ、もういいよいいよ。<br>手を回して<br>もう、もう一回巻き戻しますからね。 | うなずく<br><br>わーっ |

| 時間 | 教師の発話・行動 | 子どもの反応 |
|---|---|---|
| | 前の子どもを見ながら<br>令和元年度の、ね、川柳、日本のコンテストの<br>大きな声ではっきりと話す<br>優秀賞を発表します。 | 拍手<br>わーっ！ |
| | そうそう、いいですね。<br>やーいいですね、このリアクションが。<br>はい | |
| 12分37秒 | 黒板に「平成と」と書き、子どもたちを見ながら手を回して<br>前<br>黒板に「令和で」と書き、子どもたちを見る。<br>「平」と「和」を手で丸を描いてさし示す。<br>黒板に「平和の」と書き、子どもたちを見る<br>黒板に四角を描く。<br>五七五<br>〜〜〜<br>「平」と「和」にチョークで丸をつけ、平和に「」をつける。<br>四角を指しながらなぞる。<br>小声で<br>ねえ<br>もとの声の大きさで、子どもたちを見ながら、紙を机に置く。 | 黒板と先生を真剣に見つめる<br><br><br><br><br><br><br><br><br>姿勢を正す |
| 13分22秒 | はい、ヒントほしい人、はい、やる気の姿勢を見せてください。<br>速いね。<br>黒板をさしながら<br>ヒント1、あ、これはですよ。この優秀賞作品ではっていうことね。<br>カタカナでした。<br>指を折って文字数を数える<br>五文字か。<br>もうちょいヒントがほしい人。<br>お、いいね。君たちいいね。このリアクションが。<br>はいはいはい、おろして。<br>えーと皆さんは、6年生で。えっと、陸上競技大会の練習をしたんですかね。そして、来週月曜日ですか、大会があるんでしょうか。<br>教室を両手で示す。<br>選手に選ばれた友達もいるんでしょうか。<br>指で2と見せる<br>少し強く言う<br>第2ヒントは、陸上競技に、<br><br>が、です。 | <br><br><br><br><br><br><br><br>さらに姿勢を正し、手を挙げる。<br>手をおろす。<br><br><br><br><br><br><br>あ、分かった<br><br>分かった、分かった |
| 14分06秒 | 強く言い進める<br>多分、皆さん、絶対1回はやったことがあるんじゃないかなと先生は思います。多分。<br>はい、じゃあ<br>手を挙げて、待ってと伝える。<br>黒板の「ひとりひとりちがっていい」をチョークで何度かさす。<br>はい、じゃあ、これじゃないかなー、書きましょう。<br><br>うん<br>教室を奥から廊下側へ歩く<br>多分、その競技を、それをする競技の選手もいるかもしれませんね。ちょっと先生はそこは分かりませんけど。 | <br><br><br><br><br>鉛筆を持って書き始める。<br>思ったことを発言する子どももいる。<br><br>黒板の川柳を再度確認する子どももいる |

| | | |
|---|---|---|
| | 真ん中あたりの席まで歩いて、何を書いているか確認する。 | |
| | カタカナです。陸上です。 | え、最後は漢字？ |
| | いや、漢字じゃない。もう、あの、カタカナ五文字でございます。 | え、五文字？ |
| | うん、五文字<br>分かるかなー、分かるかなー<br>はい、やめましょう。<br>奥の席の子どもの解答を見に行く。<br>奥から教室全体を見渡して<br>おー、なんか正解が出てるような気がしますね。誰でしょうかね。<br>手を動かしながら | 思いついて笑顔で紙に書く<br>手を止める |
| 14分56秒 | はい、もう、えーと、今からケガしないようにね、いろんな友達と何書いた？って聞いてね、あの、正解を見つけてみてください。<br>いい？<br>前、真ん中の2名に話しかける。<br>えっと、30秒くらいあればいい？<br>いい？<br>長い？長い？<br>あ、じゃあ、29秒にしよう。<br>はい、じゃあ、はい、どうぞ。<br><br>なるほど | うなずく<br>いや<br><br>楽しそうに席を立つ。<br>各々が思ったことを友達と話す。<br>全員が立ち歩く<br>ランニング<br>バトンパスかな<br>絶対違う<br>笑顔で友達と話す<br>友達に聞いたことを写す |
| 15分42秒 | はい、やめましょう。はい、戻りましょう。<br>ははは<br>なるほど、いいね。<br>あー、いいね。<br>手を挙げながら<br>はい、じゃあ、これじゃないかなって言えそうな人。<br>あ、いいね。<br>教室をさし示しながら<br>正解が出てる、正解が。すごいですね。<br>列をさしながら<br>はい、じゃあ、この列の一番後ろの友だち。<br>拍手の用意。 | それぞれ席に戻る<br>席で書き写す<br><br><br>ピンと手を挙げる<br><br>後ろの友達を見る<br>拍手の準備をする<br>バトンパス<br>拍手 |
| | 黒板に「バトンパス」と書き足し、指でさす。<br>これですね。<br>平成から令和へ。<br>令和元年度の優秀賞でございます。ね<br>先ほど書いた川柳をさしながら<br>五七五、季語がないけれど、<br>両手で円を描きながら<br>ちょっとね、楽しい、<br>黒板の「川柳」の文字をさしながら<br>そういったのが、もしかして、これかもしれませんね。<br>いい？ | 前を見る<br>紙に書く |

**3 授業を参観しての感想 ①**

# 私が小学生の時に 学びたかったこと

三福グループ 新卒採用担当 **木山 果南**

## 1 菊池先生との出会い

　愛媛県の大学を卒業後、賃貸不動産仲介営業として民間企業へ就職しました。その後、人事を経験しています。

　人事の中でも主に、大学生の新卒採用を担当していて、弊社には毎年4月に新入社員が入社します。仕事内容は、合同企業説明会や単独の企業説明会の計画・運営をはじめ、面接のセッティングや学生との面談まで全てを行っています。子どもたちを育てることと、新入社員の人材育成をすることには、たくさんの共通点があります。企業が求める学生の資質ランキングでは、上位に主体性、実行力、課題設定・解決能力などが挙げられることが多いのですが、それらの全てが「菊池実践」に含まれていると感じています。

　菊池道場では現在、愛媛支部の事務局を務めています。正直、私は今まで学校の先生とのよい思い出がありません。小学生の頃、ちょっとしたことでいじめられたことがあります。先生は休み時間、教室にいて私がいつも一人なのを知っているはずですが、声をかけてくれることは一度もありませんでした。高校生の頃は、勇気を出して担任の先生に助けを求めたところ、「先生が口出しするとよくない方向になることもあるから、私はどうしたらいいか？」と聞かれ、何も解決しませんでした。何のために先生がいるのだろう？勉強を教えるだけなら塾と何が違うのだろう？と先生という職業に魅力を感じませんでしたし、向き合ってくれない先生なんて絶対になりたくないと思っていました。

　そう思って過ごしていた大学3回生の頃、愛媛県で開催されたセミ

ナーへ参加したことがきっかけで菊池先生に出会いました。菊池先生との出会いで、先生に対しての考え方が180度変わります。こんなに子どものことを思って指導していて、熱心な先生がいることにとても驚きました。また、自分が小学生の時に、こんな先生と出会いたかったと心の底から思いました。これをきっかけにもっと教育について学びたい、そして広めていきたいと思い、菊池道場へ参加しました。

## 2　拍手による承認

　菊池先生の授業には、拍手をする場面がいくつかあります。まずは、菊池先生が教室に入る際、「拍手があると嬉しいな」と児童へ声をかけると、拍手がわき起こり、先生を迎え入れています。拍手をすることで、少し緊張が緩みます。その後も、「拍手の準備していますか?」「いい拍手は、強く・細かく・元気よく、指の骨が折れるくらいたたくものだ」と伝えることで、何度か拍手を友達に贈る機会があります。最初の拍手より、少しずつ元気のよい大きな拍手になっていると感じます。友達が発表したとき、友達が一生懸命頑張っているときには、拍手をして称えるということを、何度も繰り返し実践することで、教室全体の空気をつくっているように感じました。

　拍手をすることで、安心やポジティブなイメージを創り出します。また、拍手をすることで自然と笑顔になり、拍手をもらった児童も笑顔になります。菊池先生が最初に児童たちに伝えた「笑顔の45分」にするために、拍手はとても効果的です。社会人でも、会議等で発言した際、何のリアクションもなければ、不安になることが多くあります。また、拍手してもいいのかなと気にして、拍手できない人も多くいると感じます。まずは、発言してくれたことへの感謝や尊重するという意味を込め、拍手を贈ることが習慣となれば、その後の話し合いも円滑に進むのでは

ないかと考えます。子どもの頃は何となく拍手していたことも、菊池先生の授業の中ではきちんと意味づけされています。

## 3　安心できる居場所づくり

　ヒントをもらったり、ほかの人が考えたことを写すことはよくないという風潮があると思います。できない人がすることであると感じますし、コソコソしなければならないもの、恥ずかしいこと、というイメージが強いのです。しかし、菊池先生の授業では、逆によいことだと児童に伝えています。菊池先生の最初のヒントは、黒板にイラストを描いたときです。「世界共通のマークです」「【笑顔で】隣の人に、『あんたまだ分からんのか？』って聞いてごらん」と児童へ積極的にヒントを出します。分かりやすいヒントで多くの児童へ安心感を与えること、「あんたまだ分からんのか？」という正解・不正解がないセリフを口に出して友達に伝えることで自然と緊張が緩み、笑みがこぼれています。教室にいる全員が参加し楽しめるきっかけとしてヒントを上手く使っているように感じました。

　また、「どんなものを川柳というか」を個人で考えたあと、教室を立ち歩き、友達と教え合う前に児童たちに伝えた言葉が印象的です。「一生懸命悩んで考えて、それでいいんだよね。なぜかというと、友達がこれだけいるのだから、何て書いた？と教え合えばいい。写し合えばいいですね」と菊池先生は児童たちに問いかけます。何も書けなくても誰かに教えてもらえばいいという安心感が生まれています。その後も、何も書けなかったが、友達の話を聞いて、一生懸命紙に書いている児童へ、鉛筆は動かなかったが、友達のところに行って少しでも書こうとしている彼を、全員の前でよいことだと具体的にほめることで、積極的にしてもよいことなのだと再認識させています。正解が分かる児童だけが主役

の教室ではなく、全員が主役になれる教室だと分かる瞬間です。

　目に見えて誰にでもすぐ分かる部分だけをほめるのではなく、周りがあまり気づかないような小さなことも、積極的にほめています。教室全体だけでなく、一人ひとりをしっかりと見る細かな観察力が土台にあると感じました。この観察力も社会人に必要なスキルではないでしょうか。小さなことも「ほめて、認めて、励まし合う」ことで、安心できる居場所を生み出すことが大切だと思いました。

## 4　最後に

　人事を経験した立場から、小学校1時間の授業の中にある、社会を生きぬくための力は主に以下の2点だと考えています。
・話し合いの最初は相手を承認し、受け入れること
・学び合うことで安心できる居場所づくり

　菊池先生の授業で実践されていることは、小学生だから、学校だからという領域を超え、一人の人としての成長を支える教育だと感じます。たくさんの大学生と関わる中で、「どう思われるか分からないから意見が言えない」「誰かと比べてしまう」と考えてしまう人が多くいると感じます。本来は、どんな意見も尊重されるべきですし、誰かと比べるのではなく、自分自身と周りの成長が大切だと思います。学生の面談の際に、質問の回答や相談されたことに対して、まずは受け入れ、話を聞くことで最初はあまり話さなかった人も、積極的に話してくれることが多くあります。また、先輩たちが年齢や性別、役割に関係なく、全員が積極的に学び合う姿勢を見せることで、最初は緊張していた新入社員も、学び合い成長していけば失敗してもよいのだと安心し、何事にも積極的に挑戦してくれています。

　子どもたちと真剣に向き合う先生から学ぶことはたくさんあります。私の好きな価値語の中に「人としての100点をめざす」という言葉があります。これからも目先の結果だけではなく、人として大切にすべきことを積み上げていきたいと思います。

## **3** 授業を参観しての感想 ②

# プラスの言葉と自己肯定感

愛媛県　フリーランス人材育成　酒井　旬子

　小学4年の時に、学校の授業で書いた書道の作品を父親に見せたところ「上手に書けているな！」と、ほめてもらったことがきっかけで、書道教室に通い始め、教授としての免許をいただくまでになりました。その後、結婚と同時に、書道教室を開きました。教える立場として意識したことは、「よいところをほめて伸ばす」「書道は、自分の得意分野！」と、その子が輝く場所や場面があり、それが"やればできる・自分ってすごいじゃん！！"の自己肯定感につながればいいなあ、という思いで指導してきました。

　現在は、人材育成に携わり、仕事を通して大人の自己肯定感を高め、夢実現のお手伝いをしています。小学校時代に、大好きな親や先生、周りの大人やお友達から、プラスの言葉を浴びて育ったら、自分に自信をもった個性豊かな伸び伸びとした子どもがたくさん増えるだろうなあと、常々思っていました。菊池先生の授業を見て、驚いたのは、たった1時間の中に、その答えがあったということです。

## 1．プラスの言葉と安心感

　菊池先生は、明るい声で「こんにちは」の挨拶と同時に、教室に入ろ

うとする前に「拍手があると嬉しいんですけど」と言い、拍手を受けながら「ありがとう」と笑顔で教室に入って来ました。

　まずは子どもたちの緊張感をほぐし、「挨拶やお礼」という、毎日の生活で見過ごしてしまいそうな、でも当たり前に大切なことを言葉や表情、声のトーンで伝えていくことをしています。

　いきなり黒板に「世界共通のマーク描いてもいい？」と、同意を求めながら、丸を描き始めました。子どもたちの頭には、"何？何が起こるの？"と興味をわかせ、すぐに答えを言うのではなく、隣の人と笑顔で(ということで子どもたちは、笑顔を意識する)「あんたまだ分からんのか？」と、向かい合いながらも笑顔であるから、声のトーンや問いかけが優しくなる場になって行きました。

　「笑顔の45分にしたいと思います！」と、自己紹介をすることもなく、菊池先生の目的を子どもたちに伝えるところから、授業がスタートします。この目的が聞けたことで、子どもたちは、緊張感から安心感に変わったのではないでしょうか！

　授業でも、仕事でも、遊びでも、どんなに場面においても、目的があります。それを分かって臨むことで、ワクワク感が増し、学びたい、知りたい、探究したいを引き出す効果につながっていると感じました。

　子どもが発表するごとに、先生から、明るいトーンの声で、「いいですね～」「すごいですね～」「偉いね～」「なるほど～」というプラスの言葉をたくさん浴び、「ほめて」「認めて」もらうことにより、この先生「いいかも？」「面白いかも？」「好きかも？」「楽しいかも？」と、教室の雰囲気がたった数分で、やる気と活気に満ち、子どもたちの目が輝き、前向きな空気感に変化していました。

## 2．自分も友達も認め合う

　菊池先生は、「6年1組の皆さんは、すごいですね！」と、クラス全体を「ほめて」「認めて」「励ます」ことにより、「やっぱりいいクラスなんだ」と、自分たちのクラスを誇らしく思い、仲間意識が強固になっていきます。友達のよいところに意識が向き、認め合う心も芽生えます。ほめてもらって嬉しい気持ちで授業に臨めていると心も落ち着き、友達の意見や発表をしっかり聞く力も養っていきます。

　授業を進めていきながら、菊池先生が、子どもたちに「伝えたい大切なこと」を、その場面になると黒板の左端に板書し、それを、授業の中で、時折確認するように黒板をさしながら伝えていきます。繰り返し、繰り返しにより、子どもたちに浸透させている様子も伺えました。

　菊池先生の授業は、座っているだけではなく、

①立つ　　　　　　　　　　②隣の人と話し合うために横を向く。

③自分の考えと友達の考えを、写し合ったり、教え合ったりするために移動する。

　席を立って身体を動かすことと同時に、頭も回転するので、授業にメ

リハリがつき、飽きることなく、子どもたちにとっては、活気ある楽しい授業になっていたと感じました。座っていても、拍手をする場面をたくさんつくり、「拍手をしてください」ではなく、どんな拍手か、具体的に「強く、細かく、元気よく、指の骨が折れるほど」と言うことで、その拍手の動作と共に、友達に対する尊敬の想いがこもった拍手になり、それが、またプラスの循環になっていきます。言葉を発しなくても、キビキビした態度や笑顔、仕草や動作から、取り組む姿勢が前向きでやる気に満ちあふれているのを感じました。

　目には見えない部分ですが、とても大切な「感じる心」「思いを汲み取る心」「相手を認め合う心」が育み、先生と子ども、そして、友達同士との信頼関係も築かれていきます。学校が、安心・安全・楽しい空間であるからこそ、自分の意見や感じたことを、自信をもって言える、自己肯定感をもつ子どもが育まれる授業でした。

## 3．小学校 1 時間の授業の中で学ぶべきこと

　独立事業主として、自立に向けてのプロデュースをするという立場から見て、小学校 1 時間の授業の中で学ぶべきことは下記の 2 点です。
・よいところをプラスの言葉で、認め励まし合えば自己肯定感が高まる。
・自分と人は違っていい。違うからこそ素晴らしい。

　私も、一人ひとりに、魅力や長所をお伝えしますが、受け入れがたい方もいらっしゃいます。

　プラスの言葉を使ったり、自身のよいところ、素敵なところ、魅力を発見して、仕事や日常生活に活かして習慣化するには時間がかかります。

　小学生の時から（いやもっと早い幼少期から）よいところ、できているところを見つけ、ほめて伸ばす子育てや教育が当たり前の世の中になれば、大人になってから時間をかける必要もありません。社会に出ても、自ずからやる気をもって、創造性豊かに人生を生きていく。何か上手くいかないことにぶつかっても、自分を信じ、柔軟に対応しながら自分らしく生きる力が身についていることが大切ではないかと思います。

**4 分析① 教育カウンセリングの視点から**

# ここに答えがあります！
## 人間っていいな、自分っていいな

愛媛県教育カウンセラー協会　上級教育カウンセラー　ガイダンスカウンセラー
愛媛県松山市公立中学校教諭　**渡部涼子**
愛媛県新居浜市教育委員会発達支援課主任専門員　**西原勝則**

## 1. はじめに

「なんで学校に行かんといかんの？」

　…子どもにこうきかれたら、なんと答えたらよいでしょうか？

「義務教育だから、行きなさい」

「社会に生きるためには、我慢する力もつけないといけない」

　といった対応により、自我の芽を摘まれ、病を抱えてしまい、その修復に長い時間をかけている子の顔が、浮かんでは、消えます。

　菊池先生の授業に学ぶ最大の魅力は、このような問いを発する子どもたちにも納得の、教師自身が本気で子どもの人生の幸福を願う「愛」にあると、思うのです。たった1時間で、教師の「本気」と「愛」と、「人間味」にふれることができる授業展開！！

　しかも、そこには、緻密なスキルが隠されています！！

## 2. 教育カウンセリングとは

・教育の場で、指示、課題、強化、情報提供、助言、自己開示、自己主張などの能動的なカウンセリングの手法も活用しよう！

・ソーシャルスキルやコーピングスキルなど、行動の仕方を訓練・教育する方法も取り入れよう！

・構成的グループエンカウンターや対話のある授業、学級マネジメントなどのグループアプローチ力を高めよう！

・指導者とグループの人間関係とグループメンバー間の相互関係に焦点を当てよう！

・個々の発達課題の克服を援助しよう！

・教師自身の質を高めるために学び続けよう！

　このような思いで私たちが取り組んでいる「教育カウンセリング」は、筑波大学教授であった國分康孝氏が提唱・体系化したものであり、協会や学会設立により推進しました。教え子であった方々が、「構成的グループエンカウンター」「Q-U による学級づくり」「ソーシャルスキル教育」「対話のある授業」などを研究実践し、学校教育現場に提案しています。

　また、教師自身が、自己の感情・思考・行動の在りように気づいたり、しばりから解放されたりしてアイデンティティを高めるための「構成的グループエンカウンター」研修や「教師のサポートグループ」等の取り組みをしています。

## ● 「教育カウンセリング」＝教育に役立つカウンセリング

▲國分康孝氏

発達課題を解きつつ、成長を援助するのに役立つように、カウンセリングの知識と技法を構成することが大事。

教育の現実原則（父性）とカウンセリングの快楽原則（母性）を、状況に応じて調合して、対応することが大事。

　1999 年に「NPO 法人日本教育カウンセラー協会」を設立し、初級・中級・上級教育カウンセラー等の資格認定を開始しました。

　2009 年には「一般社団法人スクールカウンセリング推進協議会」を設立し、共通資格「ガイダンスカウンセラー」認定を開始しました。教育現場のカウンセリング関係の諸団体の連携がなされました。

「日本学校心理士会」「日本学校教育相談学会」「日本カウンセリング学会」「日本キャリア教育学会」「日本教育カウンセリング学会」「NPO 法人日本教育カウンセラー協会」「一般社団法人臨床発達心理士認定運営機構」「日本臨床発達心理士会」が連携。

## ３．菊池先生との出会い

　菊池省三先生の映画を初めて見たときから感動の連続でしたが、実際に小学校での授業を見せていただいて、まさに、まさに！！・・教育カウンセラーとしてめざすところの、教師の洗練されたグループアプローチにより個々の発達課題がサポートされ、個と個が育ち合い高め合う学級土壌ができあがっていく様子に、感動、感動です。

　そこで、愛媛県教育カウンセラー協会主催で「コミュニケーション力を育てる」研修講師を菊池先生にお願いしたところ、支援者・教育者自身が笑顔になり、安心感と新たな意欲を得ました。さらに菊池先生の姿に学び、よりよい教育実践をめざすことをあきらめないで挑戦していこう！というエネルギーをいただきました。出会いをいただき、感謝です。

## ４．菊池先生の授業分析

　菊池先生の授業における、カウンセリング心理学・発達心理学の視点からの感動点は、ズバリ！！

> 　授業を通してリレーション（信頼関係）とルール（規律）が確立され、快楽原則と現実原則とがバランスよく機能していく。これにより、子どもたちは人間のよさを体験し、心のエネルギーを得て、心の土台がつくられた上に、学びが展開されていく、すごさ！！

### （１）欲求充足の視点から

　授業最初の 15 分で、「リレーション」と「ルール」の２つの柱を確立することにより、「安心・安全」が保障されていきます！！どうしてそれがすごいのかというと・・。

「マズローの欲求５段階」の下から順に、低次の欲求が満たされると次の欲求に向かう、というところにポイントがあります。教育基本法において学校教育は「学校生活を営む上で必要な規律を重んずるとともに、自ら進んで学習に取り組む意欲を高めることを重視して行われなければ

ならない」と規定されているのですが、それが一番上です。そこに向かうためには、まず、低次の「生理的欲求」「安心・安全の欲求」が満たされ、「所属・愛情などの社会的欲求」が満たされ、「承認の欲求」が満たされてやっと、本当の「自己実現欲求」（自ら進んで学ぶ意欲）に向かえるというわけです。

　下層の欲求が満たされることにより学習の構えができ、教科学習のねらいから達成へとスムーズに展開されていきます。

　菊池先生の授業では、「一人も見捨てない」理念のもと、どの一人も取り残されない、傷つけられない、ルールが守られるという安心・安全のもとに、学級に所属する喜び、認められる喜びを味わいながら、学ぶ意欲が高まっていく姿が、明らかです。

　では、どうやって、あっという間の短時間に、「リレーション」と「ルール」を確立しているのでしょうか。そこには、カウンセリングの理論と技法が満載です。

▲マズローの欲求階層説

## （2）自己理論の人間観と、カウンセリングの基本技法

　まず教室に入る最初の言葉、「こんにちは」「先生、拍手があると嬉しいんですけど」「ありがとうございます」・・なんと、この３つの言葉で子どもたちは、先生が自分と対等な関係を示していると感じます。教師の自己開示（アイメッセージ）により自分の意思が尊重され、お礼を言われました。“あなたを一個の人間として尊重します”というメッセージです。自己理論を唱えたロジャースの一貫した人間観は、いかなる人も無条件の信頼と尊敬に値するという態度です。無条件の肯定的態度に出会うと、人は自分の力で成長に向かおうとし、自分のもつ自己概念・他者概念を修正していくことができます。出会って数秒ですでに、「この先生は、自分を傷つけない、無条件に尊重してくれる」と思え、自己

成長の予感がします。

　最初のルールは、「笑顔」。笑顔は、最高のプラスのストローク（交流分析の用語でいうと）です。先生が大事にしたいルールは「笑顔」。だれかを傷つけることのない、だれも悲しい思いをしない、安全な場所にしよう、ということです。そして「笑顔で、あんたまだ分からんのか、ときいてごらん」という指示により実際に笑顔になります。有言実行です。先生は皆を笑顔にする力をもっているという信頼がわきます。「笑顔の45分にしましょう。よろしいですか？」約束は、守られそうです。先生は常に、「いいですね〜」「すごいな〜」「なるほどね〜」・・と、受容的な言葉を発します。「マスクの下は笑顔で」という言葉通り、先生は笑顔だし、何を言っても、頭ごなしに叱られる、皮肉を言われるなどの嫌な思いをさせられることはなさそう。大丈夫。と思えます。

　そして先生は、私のことを分かっていてくれます。「見ていてくれる」「気づいてくれる」という安心と信頼がつくられていきます。発言しなくても、拍手の仕方や姿勢や手の挙げ方などの一つ一つを見て、ちゃんと分かってくれます。言葉で言わなくても、大きな拍手をすれば先生は自分を認めてくれます。背筋をピンと伸ばしていれば、自分がどんなに頑張っているかが先生に伝わる。速く座ったら、速くできたことが先生に分かってもらえる。逆に、自信がないな、書けていない、ということも全部見てくれていて、その上で、「一生懸命やろうとすることが、素晴らしい」「考えている、思い出そうとしたことが、素晴らしい」と、評価してくれます。やろうとしたことを分かってくれる。よし、やろう！と思えます。

　ここでは、どの一人の子も、"先生に気づいてもらえない。先生は分かろうとしてくれない。どうせ見てくれていない。どうせ注意される。

友達にできないことを笑われる "・・といった、悲しい思いや不信の思いを抱えることは、ありません。教師のカウンセリング・マインドとリーダーシップにより、安心と信頼のふれあい、「リレーション」が育っていきます。それも、スピーディーに、確実に。

## （3）行動理論・学習理論による技法

「笑顔になる」「指の骨が折れるほど拍手する」「やる気の姿勢をつくる」「立って動いて座る」など、身体を動かすことで、不安とは相容れない心身の状態をつくりだしていることがまた、さりげなく見えて本当にすごい！！と感動するところです。

　行動療法における「逆制止」の状態をつくりだします。「不安や恐怖と相反する反応(拮抗反応)を同時に起こすことができれば不安や恐怖は打ち消され、感じなくなる」のです。笑顔で指の骨が折れるほど力を込めて拍手しながら、「いやだ、怖い、心配だ」といったネガティブな気持ちを維持することができるか、試してみてください。立って動いて笑顔で話しながら、「何もやる気がしない状態」を維持することも難しいのです。

　さらに、行動療法における「強化」が自然になされ、教師が指示しなくても先取りして自主的に行動して成果を得ようとする学習態度が確立されていきます。自分がほめられなくても、友達が認められることにより「代理強化」され、好ましい学習態度や発言をモデルとして学ぶことが繰り返されます。「やる気の姿勢」「手の挙げ方」一つ一つ、具体的な

モデルを示し、「いいね～」「君たちすごいね～」「いいわ～」とほめられるたび、「これでいいんだ」と安心します。

　学習のスキルについても、同じようにして定着させていきます。「思い出して表現する」「自分の言葉で

表現する」などの指標を示して、繰り返しほめて強化していきます。

　さらに、菊池先生の指示は、「大きく書きましょう」「立って写し合いましょう」というように、明快で、「できる」と思えることばかりです。「7秒で！」「10秒で！」という指示により、せかされたわけでも命令されたわけでもないけど、「すぐやろう！」というスイッチが入ります。場面の切り替わりが明快で、友達からヒントを得られ、チームでクリアしていく感じ、小さなミッションを達成することの積み重ねで達成感が得られる感じが、子どもたちの大好きなオンラインゲームの感覚と似ています。動くたびに、楽しい感覚が強化され、子どもたちは先取りして行動するようになります。まさに「オペラント条件づけ」の手法です。

　このようにして、子どもたち一人ひとりの心地よい望ましい在り方が「学習」され、同時にルールが守られる安心・安全な教室がつくられました。


## （4）学習効果を高める「心の土台」

　菅野純氏が提唱する「心の土台モデル」に照らしてみますと、川柳を作ったり鑑賞したりするのが、ピラミッドの一番上の段の「言動」にあたります。川柳を作るには知識、語彙、事象を見て判断する力や味わう力、批判する力等も必要です。それらが「社会的能力」です。

　それらをしっかりと支えるのが「心のエネルギー」であり「人間のよさ体験」です。「心のエネルギー」が高いほど、「人間のよさ体験」が豊富なほど深い学びとなります。

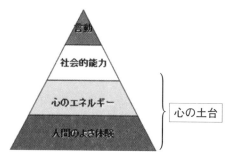

　菊池先生は常に、個やクラスをほめ、認め、称賛しています。言語もしくは非言語で。子どもたちは笑顔となり、挙手の手や背中が伸び、意欲の素である「心のエネルギー」が満たされていくのが分かります。どの子も自

分なりの意見を言うことができるのは、自分の思いを発信する「心のエネルギー」が高まっているからなのですが、菊池先生がそれを意識し、手を打つからこその、本時です。

「中指の先を天井に突き刺す。この力を入れているのが、僕は一生懸命発表するぞ、みんなも一生懸命聞いてねという、思いの強さがこの指の伸びと強さになっている」。こんなにまで解釈してもらって、称賛してもらって、みんなの見本となって、この子の胸のうちにはどんな思いがわき起こっているでしょうか。喜び、誇らしさ、達成感…その奥の奥には、「菊池先生っていいなあ」「クラスの仲間っていいなあ」「自分だっていいなあ」という思いに満たされていることでしょう。これが、「人間のよさ体験」です。

書けなかった子に対しても、「いい友達がいるなあ」と友達と絡めたあとに、「短歌ということを聞いて書こうとしてたんですよ。一生懸命友達と。教室はそういう場だもんね。一生懸命考えて、悩んでうまくいかなかったけれど、友達のところに行って少しでも書こう書こうとしている彼がいる。いい教室じゃないですか、先生本当にそう思うんですよ」。書けなかった事実をこう解釈してもらい、素敵な価値付けをしてもらい、この子の中にも、クラスみんなの中にも、「菊池先生っていいなあ」「仲間っていいなあ」などなど、「人間のよさ体験」が実感されます。子どもたちの心に、あっという間に「心の土台」ができ、学びの構えができあがりました。

　人間のよさを体験できる場。…かけがえのない場です。

**④ 分析② コミュニケーション心理学 (NLP) の視点から**

# リーダーとなる人財が育つ仕組み

米国 NLP 協会認定 NLP トレーナー　中嶋美知

## 1. コミュニケーション心理学 NLP とは

　私は、愛媛で NLP の資格取得講座とカウンセリングをしています。NLP（Neuro Linguistic Programming）とは、様々な分野で卓越した結果を生み出している人たちをモデルに、どのようにしてその結果が生み出せるのか、一体彼らは何をやっているのか、神経心理学や言語学を使って分析し、誰にでも使えるよう体系化したものです。

　1970 年代に、創始者のバンドラーとグリンダーが、当時世界三大天才セラピストと呼ばれていた、フリッツ・パールズ（ゲシュタルト療法）、ヴァージニア・サティア（家族療法）、ミルトン・エリクソン（催眠療法）の三人のふるまい、言葉の使い方をモデリングして生まれました。

　NLP が短期間で世界中に広まった理由は、モデリングが広範囲に行われ、企業研修や自己啓発として受け入れられたことがひとつ挙げられます。心理療法の分野から対象を広げてビジネス、教育、スポーツ、リーダーシップなど、卓越した結果を出す人の " 違いをもたらす違い " が何であるかに焦点を当てたのです。

　もうひとつには、一個人の知覚・言語・ふるまいの変容から、メタ認知・価値観・アイデンティティ・使命・時間軸・場の変容へと、個を超えたより大きな枠組みの視点で " 違い " を創造できるよう、歴代の NLP トレーナーたちが探求し続け開発し続けてきたからだと考えられます。

## 2. NLP で人が変わる理由

　NLP は日本語で「神経言語プログラミング」と訳されています。ざっ

くり言い換えますと、N（神経）＝五感で受発信する情報の質、L（言語）＝意味づけ、P（プログラミング）＝自動反応パターン、です。五感を通じて受発信した情報に、私たちは常に何かしらの意味づけをして記憶に留めます。その意味づけが、一人ひとりオリジナルな自動反応パターン、つまり感情パターン／行動パターンとして無意識に、繰り返し言語・非言語で表出されます。そこに努力もモチベーションも一切、必要もなく！

> ［特定の状況］で　N［特定の情報］を捉えると　→ L［特定の意味づけ］に基き　→ P［特定の反応］をする → 結果（私たちの現実）となる

　実際のセラピーであった例です。ある人が教室で作文を読んだとき、クラスメイトが笑いました。大好きな先生を見ると、先生も笑っていました。ショックで赤面しフリーズです。何も言えないまま授業が終わりました。残念なことに「自分が話すと笑われるんだ」と意味づけしたそのときから、その人は人前で話さなければならない場面がくると、緊張し赤面して言葉に詰まるようになったのです。スピーチ恐怖症の自動反応パターンが誕生した瞬間です。

### 【スピーチ恐怖症パターンの作られ方】

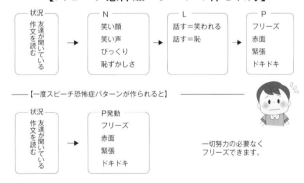

　一度このパターンができると、書き換えるまで永遠に続きます。NLPにはこのような望ましくない自動反応パターンを、望ましい自動反応パターンへ書き換える手法が100以上ありますが、ここでは言及しません。

それよりも、「自分は素晴らしい」「協力し合うのは喜び」「学びの場は楽しい」といった意味づけをし、児童たちが自分の内から湧き出るアイデア／考え／思いを主体的に表現する、菊池教室の自動反応パターンがどのようにして一瞬で創られるのかを見ていきたいのです。

菊池先生が児童たちにどのような五感情報を、どのようなタイミングで、どのように提供することで、そんな素敵なことが成されるのか、これから具体的に紐解いていきますが、先に大枠を示しましょう。

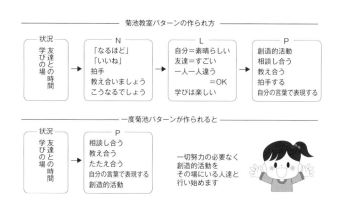

NLP トレーナーとして私は、菊池先生というかつてない "違いをもたらす違い" を生み出す卓越モデルを、分析する機会をいただけました。とても光栄に思います。NLP を活用されている人々があらゆる分野で目標達成力／課題解決力を高められ、望ましい人生を送られているように、今後菊池モデルを活用された方々が、変化の著しい社会で、これまでにない解決策を主体的に創造できる人財となって、大いに活躍され続けている未来が私には見えます。きっとあなたも、もう既に、私以上に素晴らしい世界が見え始めているのではないでしょうか。

## 3. 始まり：たった2分で共通目標を築き上げる

「こんにちは」菊池先生は教室へ入る前に外から挨拶されました。児童たちにとって教室はパーソナルスペースですから、いきなり侵害してくる見知らぬ存在には当然警戒するところを、爽やかに回避しています。

　そして、児童の挨拶を受けてもう一度「こんにちは」「拍手があると嬉しいんですけど」「（笑）ありがとうございます」と敬意を示しながらも、笑顔で接してくれている態度に、児童はホッとしないではいられません。児童が自らの手を動かし拍手したことで、主体的に迎え入れた感覚も無意識に生みだされています。

「世界共通のマーク描いていい？」この言葉は出会った直後ですから、児童にとって菊池先生はまだ部外者です。しかし、児童がうなずき、使用許可を出すことで、児童の内面に、より主体的な受入感が高まります。

　ここで絵を小出しに描き、児童の頭に「？」を残します。人は空白を嫌う特性があるので、当然児童は気になりますね。先生はさらに見渡して目線を合わせ、間合いを取り、小声と続けます。ちょっとこれまで教えてもらった先生方と違うふるまいに、何が起きるのかなと興味関心・集中力が引き出されている様子がよく見てとれるでしょう。

「笑顔で、あんたまだ分からんのか？と聞いてごらん」間髪入れずに児童同士の対話を促します。始まってからすぐにアイデアが既に生まれている児童と、まだ波に乗れてない児童がいる時点で、対話を重視する菊池教室の枠組に児童たちを誘っています。まだ分かっていない児童の緊張も「笑顔で」と和らげています。ここで既に菊池先生の指示とリズムに児童たちがついてきているのが分かります。

　一般的には、頭の回転が早くてやる気のある児童が当てられ、正解を発表してヒーローとなるシーンでしょう。残りの児童は、焦りや緊張感、若しくはつまらなさを感じるところですが、菊池先生は一度児童たちに対話させてから、発表者を当てます。

　この後、たびたび答えを尋ねる前に「相談しましょう」と児童同士で

対話する時間をとるのです。この繰り返しが、分からない人困っている人を取り残さず協力し合う習慣化（自動反応パターン）づくりになります。このようなフォローし合う関わり方が、児童期から当然の文化として醸成された社会だったならば、世界にある対立はどれだけ少なく、世の中の課題は一体どれだけ軽減されていたことでしょうか。

　続いて「笑顔の45分にしたいと思います、よろしいでしょうか」との問いかけです。成績や頑張りの目標ではありませんから、Noと言う理由が児童にはありません。児童が承認したことで、先生と児童共通の目標になります。問いかけなので、こうしなさいという一方的な押しつけでもありません。児童が参加して共に決めたのです。人は自分の発言を一貫したものとしたい存在です。無意識に守ろうという意識のはたらきを上手に活用しています。

## 4.　発言のハードルをなくす言葉かけ

「やる気を見せなさい」ではなく、「やる気の姿勢見せてください」「書けたら書けたと言ってください」という指示の違いがお分かりでしょうか。気持ち／想いは内面にあるものです。しかし、思っているだけでは人に伝わりにくいのです。人それぞれ違う常識のフィルターを通して誤解されることも少なくありません。そこで、姿勢のような外へあらわれているものから人は判断するんだよ、と暗に伝えることができています。

　今後社会で能力を認められ抜擢されるためには、勝手に類推され誤解されないように、自身の想いと準備状態をできるだけ明確に言語／非言語で伝えることが大事です。それらが努力なく自然に行える菊池教室パターンを、児童にプレゼントされているのではないでしょうか。“やる気を見せろ”ではなく“やる気の姿勢で表現してほしい”、あるいは“姿勢で人は判断するんだよ”と教えてくれているのです。

　次に、「何か言えるぞ、という人」「知らなくてもいいんだよね」と、正解の答えだけを求めずどんなことでも発言してよい雰囲気にします。さらに、何を言っても「なるほど」と承認してくれるので、正解へのプ

レッシャーがなくなり、リラックスして自分の意見や考えを表現することの楽しさ / 喜びへ自分を開いていくことができます。

## 5. 望ましい変化へ導く：ペーシング→リーディング

　すぐに児童と共同で目標をつくることができる関係となり、その後も菊池先生の指示を受け入れ、菊池先生の生み出すペースに乗っていく児童たち。このわずかな間に、一体何が行われているのでしょうか？

### ◆ 変化を起こすプロセス

キャリブレーション
ペーシング

ラポール

リーディング

望ましい変化

| キャリブレーションしながら、相手の無意識に同調する | 相手の無意識と自分の無意識が同調している | 相手の無意識が自分の無意識に同調し始める |

リーディングには、言語（バーバル）によるリーディングと非言語（ノンバーバル）によるリーディングがあります。

　まず、菊池先生は一人ひとりの児童の様子を視覚 / 聴覚 / 体感覚全てで微細に観察（キャリブレーション）されていますし、そうしながら一方で周辺視野を使って教室全体の気配や児童同士の関係性にも気づいているようです。よく観察されているからこそ、児童の心情や関係性、進捗状況のペースに合わせること（ペーシング）が細やかにできています。
　ペーシングとは、仲のよい人たちを観察すると分かるのですが、同じ箇所で同じように笑い、同じペースでうなずいて、同じタイミングでカップに手を伸ばしたりする状態です。安心し信頼をおいた関係、仲のよい関係では、しばしばこのような同調が起きます。そして、そのような関係性が築かれた相手の提案を、人は受け入れやすい傾向をもっています。

また、児童の発言を繰り返し言ってくれています（バックトラッキング）ので、児童にはしっかり聞いてもらっている信頼感が高まります。

　さらに驚くことに、「2つ書けた人—って言ったら手が挙るんですよね」「2つ書けてない子は焦るんですよね」「楽しいですね」と続く中に、"イエスセット"と"混乱"がダブルで使われています。第4章で説明しますが、実はこれ催眠言語のすごい言葉かけなのです。

"イエスセット"とは、提案/交渉の際によく用いられる言葉の使い方です。菊池先生の「2つ出てない子は焦るんですよね」の前後に続いている、気持ちを代弁してくれた言葉に児童は「そうそう。自分は焦ってます」と、心のなかで何度もイエスとうなずいていたはずです。人は、心の中の声であっても3つ以上イエスと言うと、その後の言葉も無意識にイエスと受け入れてしまう性質があるため、自然と「焦る＝楽しい」を受け入れていきます。

"混乱"とは、混乱時に投げかけられた言葉を人は、抵抗できず受け取ってしまう特性を利用したものです。児童の焦りと緊張感に寄り添ったあとに続く声かけは、なんと「楽しいですね」！児童の頭の中はきっと、あれ？怒られない？え？楽しい？楽しいって言ったよね、今。楽しんでいいの？とハテナがいっぱい。焦って緊張が高まったあとに予期していた従来の会話パターンを大きく覆され、児童たちはびっくりしたはず。一種の混乱が起きています。ですから「楽しいですね」が、抵抗なくスーッと入るのです。

　つまり、焦ることも人よりできないことも、楽しいに結びつく菊池教室パターンを創っているのです。楽しさとは遊び、創造性の源です。焦るほどできないほどワクワクして創造性を発揮し始める人財がいたら、社会のあらゆる場面で引っ張りだこになる！そうではありませんか。

## 6. プロセスと協力関係にこそ価値がある：リフレーミング

　周りの友達が回答を書けていて、自分が何も書けず白紙の状況になったことがありますか。私がこれまで多くのカウンセリングをしてきた経

験からも、似たような状況で、自分一人だけできないなんて恥ずかしいなとか、情けないなとか、ダメだなとか、自己肯定感を下げる意味づけを自分自身にしてしまい、勉強以外の場面でも自信をなくしてしまった方々が少なくありません。

　菊池先生は教室に入って早い時点で、しっかりと一人ひとりの児童の様子を見ています。卓越したセラピストが身につけている、とても微細な顔色の変化や動きの変化を見逃さない観察力を使って、学級としての在り方をリフレーミング（意味づけを変えること）されました。

　短歌という漢字を思い出せない児童の用紙を、本人の許可を得て周囲に見せます。点数が高いのが素晴らしい子、たくさん書けているのがほめられる子、できないと馬鹿にされるという前提で教室に座っていたとしたら、ものすごく嫌な状況です。実際、用紙を公開された生徒の目の動きや姿勢から困惑している様子が見て取れます。

　しかしここでも一貫して、菊池先生は児童が協力し合えるようサポートし続けます。空中に漢字を書いてほかの児童に教えてもらいます。「いい友達がいるなあ」で、児童同士をよい友達と意味づけます。「短歌っていう言葉を聞いて、書こうとしてるんですよ。一生懸命友達と。教室はそういう場所だもんね。一生懸命考えて悩んで鉛筆が動かなかったけれど、友達のところに行って少しでも書こう書こうとしている彼がいる（※児童がうなずいて、力が抜けていく様子を見てください）。よい教室じゃないですか」「そしたら指の骨が折れるような大きな拍手を、その人に贈ろうと思うんですよね」

　この大きなリフレーミングを、出会ってすぐやり終えられる人が、どれだけいらっしゃるでしょうか。あっという間に積み上げていく安心感・つながりと楽しさ、その上に"イエスセット""ペーシング→リーディング"を用いながら、リフレーミングしています。考えようとしているプロセスこそが大事なこと、課題へ取り組む姿勢を評価したいこと、まだ書けていないことはできないことではないこと、考え取り組んでいる人を応援し讃えられる人が望ましいこと、本当の意味でよい教室、本当

の意味でよい友達関係、そのモデルを言葉で理解させるだけでなく、順を追ってイメージトレーニング（メンタルリハーサル）させた上で、実際に行動で身につけさせているのです。

　児童たちは、よい教室、よい友達としての行動をしたことで、自分たちがそうであることを、菊池先生の前で暗に認めたわけです。一度、自分はそのような人間だと認めてしまったら、人には一貫性の法則がはたらきます。今後も同様の行動をとるしかありません。さすがです。

## 7．パターンの強化

　菊池先生が、言葉ぼめに加えて握手をされるときがありますね。どんなときでしょうか。答えの内容云々ではありません。児童がこれまでに与えられた情報ではなく、本人が自分の経験から考えて生み出した自分の言葉で発言したときです。

　自動反応パターンづくりとは、学習のプロセスです。先の例でスピーチ恐怖症パターンが1回で身についたのは、びっくりと恥ずかしさのインパクトが強烈だったからです。また、インパクトがなくても繰り返せば身につきます。チャイムが鳴る頃に自然に席に着いているのは、毎日毎日繰り返されて学習したからです。

　菊池先生が嬉しそうに近寄ってきて、手を伸ばし握手をしてくれるのは、児童にとってインパクトがある行為でしょうか。そうですよね。友達が握手をしてくれるのとは明らかに違います。何か特別な感じがします。

　「ひとりひとり違っていいんだよね」とのメッセージも、何度も黒板の文字をさし示すほかに、同じ児童に何度も繰り返して言うこともあります。「君の発想いいね。君らしさだよね（中略）考えれば考えるほど、らしさが出てくるんだよね、素晴らしいことだと思いますよ」と、望ましい取り組み方を補足してほめ、強化しています。

　調べれば出てくるカッコイイ定義や、他人の解説ではなく、自分の頭で考えたときにもらえる"握手"という特別なごほうびは、発言した児

童にとって嬉しいパターンとなり、今後も継続して自分の頭で考えるようになります。また、横目で見ている児童たちもそれを学習していますから、授業が進むにつれ、自分の言葉で嬉しそうに発言する児童たちが現れている様子にも、注目してください。

このように、特に強化していきたい児童のふるまいには対応を変えてメリハリをつけられているのも、これまで菊池先生が常に授業を練り直しブラッシュアップし続けられた成果が伺えます。

## 8．知恵の活用と融合

菊池先生は教室内を広く動きます。児童たちもよく動きます。「この列立ちましょう」の声かけで児童が前後左右の行列で立ち発表することや、菊池先生が教室内を前後左右に動くことで、子どもたちは自然と目をあちこちに動かしています。目線と過去の記憶／未来の想像はリンクしているので、無意識に過去の知識／経験と新規アイデアの創造作業の間で、情報のつながりが生み出されていく効果が期待できます。

### アイ・アクセシング・キュー

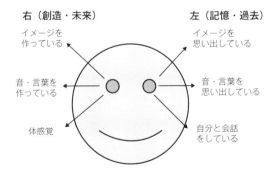

◆目は口ほどにものを言う

眼球が、考える方法（視覚・聴覚・体感覚等）によって特定の方向に動くことをアイ・アクセシング・キューといいます。眼球動作パターンを観察することで、非言語の情報を得ることが出来ます

右（創造・未来）　　　　　左（記憶・過去）

イメージを作っている　　　イメージを思い出している

音・言葉を作っている　　　音・言葉を思い出している

体感覚　　　　　　　　　　自分と会話をしている

注）全ての人が上記に当てはまるのではありません。左右逆の方もいらっしゃいますし、あいまいな方もいらっしゃいます。

**4 分析③　選択理論心理学の視点から**

# 他人と過去は変えられない
# 自分と未来は変えられる

ウイリアムグラッサー協会認定プラクティカムスパーバイザー
日本選択理論心理学会西予支部長　井上千代

## 1.　はじめに

　私は35年間、小中学校の養護教諭として勤務し、学校生活が苦しい子、学校が嫌いな子と、毎日のように向き合ってきました。この子たちの苦しみを何とか救いたいと藁をもすがる思いで様々な研修を受ける中、20年前に、選択理論心理学(以下、選択理論と記します)に出合いました。学校で選択理論を実践してみると、子どもたちから期待を超えた反応と成果が得られ、当時、保健室で抱えていた不登校、いじめ、問題行動の多くが解決の方向へ進みました。これらの経験から、現在は早期退職をし、選択理論を学校（現在までに80校で講演・出前授業を実施）や企業での講演や執筆を仕事にしています。

　菊池先生の授業では、先生の「ほめ言葉のシャワー」やリズム感とスピード感のある授業の仕組みにより、わずか2分で瞳が輝きを増し、自ら考え動き始めました。大変、感動しました。「ほめ言葉のシャワー」は、選択理論で薦めている、「人間関係を築く7つの習慣」と一致します。授業の仕組みづくりは、選択理論では、人が本来もっている基本的欲求が満たされるための「システムの改善」と説明できます。7つの習慣の7つとは、「傾聴する、受容する、支援する、励ます、尊敬する、信頼する、交渉する」などです。人と接するときに、これらを使っていけば、人間関係は維持改善され、お互いに穏やかで幸せな気持ちになり、思いやりと意欲をもち続けられ、それは、確実に成果につながるというものです。

　そして、菊池先生の授業では、否定的な言動が見られませんでした。選択理論で言う、「人間関係を壊す7つの習慣」例えば、「批判する、

責める、文句を言う、ガミガミ言う、脅す、罰する、褒美で釣る」などは使いません。この点でも選択理論と重なると思います。教師との人間関係が壊れてしまえば、子どもは学ばなくなります。教師と敵対した子どもは学ぶことをやめるだけでなく、非行やいじめなどの問題行動を起こしがちです。いじめの加害者が増えれば、被害者も増えます。

　愛媛選択理論研究会では、選択理論を実践するための資料を作成し、講演先の学校で提供し配付しています。下記もその一つです。

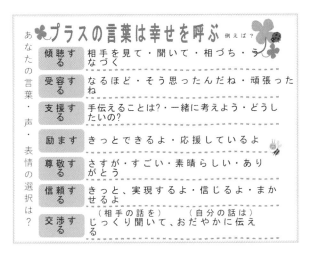

「ほめ言葉のシャワー」や「人間関係を築く７つの習慣」を継続していけば、必ず人間関係はよくなり、子どもは心身が落ち着き、思いやりをもち、主体的に変わっていくでしょう。しかし、難しいのは、一貫して毎日、どの子にも肯定的な言動をとり続けることです。

　菊池先生の開発された、「ほめ言葉のシャワー」や「学びの仕組み」によって、なぜ、子どもたちが生き生きと主体的に変わっていくのか、それを支える理論があれば、誰でもが菊池先生の授業の原理原則を理解でき、実践しやすくなりますので、選択理論の視点から読み解いてみます。

　まず、選択理論について少し説明します。一言でいえば選択理論は、人生の成功のためには、よい人間関係がどんなに重要であるかを、脳のはたらきから説明した心理学です。「人は、なぜ、どのように行動するか」

を明確に説明した上で、身近で重要な人との関係を良好にするために、「人間関係を築く7つの習慣」を勧めています。シンプルで実践しやすく、あらゆる人間関係に適用できます。

モットーとして、「他人と過去は変えられない　自分と未来は変えられる」と表すことができます。人は自ら気づいて成長したい存在と捉え、内的コントロールの力を信じて関わります。

子どもの行動に問題を感じる時も、責めたり罰したりといった外的コントロールを使うのではなく、自分の行動を自己評価できるように、認めたり励ましたりしながら人間関係を築いていきます。その上で、「どうなりたいですか？」と願望を質問して、内的コントロールの力を引き出していくというものです。

## 2. グラッサーが起こした「奇跡」のレシピ

選択理論を提唱した、米の精神科医、ウイリアム・グラッサー博士（1925-2013）は、患者と共に苦しむ中で、「問題を抱えている人は皆、身近で重要な人との人間関係が悪い」ことに気づきました。人の脳が効果的に働くためには「身近で重要な人との良い人間関係」が必要であることを発見したのです。

そこで、博士は、「脳の働き方」と「人間関係を築く7つの習慣」を選択理論としてまとめ、精神病院（1965年）や刑務所、学校（1990年）で教え、劇的な成果を上げて多くの国に広がり、博士の生涯は伝記となっています。

20年前、生徒指導に苦慮している時、選択理論が、学校教育でも「落伍者なき学校」と呼ばれる問題行動の皆無で成績優秀な学校をたくさん誕生させていることを知り、安心して希望をもって取り組むことができました。学校では同僚教師と協力して実践することで、欠席や病気、ケガでの保健室利用が半減するなどよい成果を得ることができ、文部科学大臣賞優秀教員表彰も受けました。その取り組みを『選択理論を学校に〜クオリティスクール実現に向けて〜』（柿谷正期氏と共著　ほんの森

出版　2011年）にまとめました。選択理論を実践することで、学校だけでなく家庭でも夫婦関係、親子関係が以前より楽しく温かいものになり、効果を実感でき、現在は、選択理論について情報提供しています。

　選択理論はとてもシンプルな理論で、人の行動を次の3つの要素で説明しています。

①人は、5つの「基本的欲求」を満たすために行動する

②「上質世界（願望）」にどんな「イメージ写真」を入れるか

③車の絵に例えられる「全行動」

## ①人は、5つの「基本的欲求」を満たすために行動する

　人は誰でも、5つの基本的欲求を生まれながらにもっていて、満たさないと幸せになれない、というものです。（以下、欲求を記します。）欲求を満たすとよい気分（＝幸せ）を感じます。あなたは、どの欲求が強いですか？　あなたは、それぞれの欲求を満たしていますか？次の表でチェックしてみてください。

| 欲求 | 欲求の意味 | 度合い<br>弱1～強5 | 充足度<br>弱1～強5 |
|---|---|---|---|
| 愛・所属 | 愛し愛されたい<br>仲間の一員でいたい | | |
| 力（承認） | 認められたい<br>達成したい<br>人の役に立ちたい | | |
| 自由 | 自分で選びたい<br>強制されたくない | | |
| 楽しみ | 自分の好きなことを<br>して楽しみたい | | |
| 生存 | 食べたり、休んだり<br>したい、生きたい | | |

　5つの欲求の充足度は高いほど気分がよく、低いと気分が不快になります。どの欲求も重要で満たす必要があります。

　また、誰でも5つの欲求をもっていますが、欲求を求める度合いは人によって違いがあり、人の性格傾向に大きな影響を与えています。

　すべての欲求をバランスよく満たすためには、コツがあります。それ

は、まず、「愛・所属」の欲求を満たしておくことです。

　身近で重要な人との人間関係を良好にしておくことで、認められている実感がもて「力（承認）」の欲求も満たされ、強制を感じないので「自由」の欲求も満たされ、楽しみの欲求も満たされやすくなり、ストレスも軽減されるので「生存」の欲求も満たしやすくなります。

　菊池先生の授業では、「ほめ言葉のシャワー」で、常に、「愛・所属」や「力（承認）」の欲求など５つの欲求が満たされる授業となっていました。

　一方で、子どもによかれと思っても、教師の言動が、批判的で指示命令が多い授業では、欲求を満たせない子どもが増えてきます。すると、イライラして何かせずにはいられない気持ちになり、つい授業中に私語をしたり、友達の勉強の邪魔をしたり、それが続くと、保護者にも連絡がいき、学校でも家庭でも叱られ、欲求が満たされなくなります。すると、人は欲求を満たさずにいられない存在なので、悪い仲間に入りそこで所属感を満たしたり、あるいは、自分の殻に閉じこもってそこで自由を得たりという不健全な欲求の満たし方をしがちです。人は、欲求を満たさないと、問題や悩み、症状を抱えがちになり、自己肯定感も低下していきます。

　このような人の脳の性質から、選択理論では責任の概念を「人には、他人の欲求充足の邪魔をしないで、自分の欲求を充足すること」と考えます。欲求は自ら満たす姿勢が重要ですが、菊池先生が「ほめ言葉のシャワー」を注ぎ続けることは、子どもたちは「愛・所属」や「力（承認）」の欲求を満たすための大きな支援となって、全ての欲求を満たすことにつながっていました。

## ②「上質世界（願望）」にどんな「イメージ写真」を入れるか

　上質世界（願望）とは、基本的欲求を満たす方法手段のことです。人は、自分の人生をより上質にすると思う人・物・状況・信条などを、イメージ写真として脳に描いています。

　それを保存している脳の一部を上質世界と呼びます。

上質世界 ( 願望 ) の特徴は、人それぞれ、違うということです。各々が「これがいい！」と思うイメージ写真を描き、本人のみ出し入れ可能です。まさに、十人十色、百人百色で、その人にとって脳の宝箱のようなものです。宝箱の中身を認めると人間関係が築かれ、宝箱をけなすと人間関係が悪化し、上質世界から追い出されます。たとえ、身近で重要な人の宝箱の中身を好きになれない場合も、相手にとって大切なものだと認めることが大事です。

上質世界は、本人しか選択できませんが、上質世界に入れている人には大きな影響を受けます。上質世界に入っている人の価値観を無視できないからです。グラッサー博士は、子どもであれば上質世界に責任ある大人、つまり、親や教師が入っていれば、子どもは問題を起こさないと言っています。

何か問題が起きた場合も、身近で重要な人の上質世界に、大切な存在として入り合っていれば、互いに助け合うことに喜びを感じ、より絆も深まるでしょう。意見が違う時も、話し合って解決することができます。

菊池先生は、「ほめ言葉のシャワー」で自分や学級を認めてくれて、「愛・所属」、「力 ( 承認 )」の欲求を満たしてくれる人、強制しないで楽しくスピード感ある授業で「自由」や「生存」、「楽しみ」の欲求を満たしてくれる人だと多くの子どもが認識するでしょう。欲求を満たすことは遺伝子の指示なので、そのような授業を提供してくれる菊池先生を、子どもたちは自らの上質世界に入れていきました。

## ③車の絵に例えられる「全行動」

選択理論では、人の行動は、４つの要素からなる全体的なものと考えます。「思考」「行為」「感情」「生理反応」の４つから成り立ち、人が行動するとき、いつでも、これら４つが連動していると考えます。

4つのうち、自分が選んだ「思
考」や「行為」に伴って、「感情」
や「生理反応」が影響を受けるの
で、人の行動を車にたとえていま
す。
　一人に1台の車、人の車には
乗ることはできません。自分の車
の運転席に座り、ハンドルを握
り、目的地 ( 上質世界のイメージ写真 ) に向かいます。

　自分自身のハンドル操作によってコントロールしやすい「思考」と「行
為」を、車の前輪にたとえます。自分の選んだ思考と行為によって、「感
情」と「生理反応」が変化するので、「感情」と「生理反応」を車の後
輪にたとえます。前輪の後をついてくるという意味です。「思考」と「行
為」を選択することで「感情」と「生理反応」を間接的に選択している
のです。

　菊池先生の授業では、子どもが主体的に「思考」し、「行
為」するための工夫が随所にあり、その結果、子どもの「感情」
や「生理反応」が好転するような工夫がちりばめられています。
「拍手」するというお互いを認める「思考」と、リズミカルな「行為」。
天井を突き刺す挙手という「思考」で、手をまっすぐに挙げるという「行
為」。マスクの下は笑顔でいようと「思考」し、笑顔でうなずく「行為」。
「5秒以内に机を戻す」「パッと反応する」という思考と行為を呼びかけ
ることなど全行動の視点からも、子どもたちの思考と行為の変化によっ
て、子どもが授業に集中しやすくなる仕組みづくりが随所に取り入れら
れています。

　ここからは、授業の流れに沿って、欲求充足と仕組みの工夫に注目し
てみます。厳密に言えば、個人の欲求が満たされたかどうかは、その人
本人にしか分かりません。しかし、誤解を恐れずに、菊池先生の調和と
活気のある授業を、選択理論の「欲求充足」の視点に注目して読み解い

ていきます。

　まず、授業の最初から、菊池先生自身が「こんにちは」と明るい声の調子で明るい表情であいさつをされて教室へ入り、児童もあいさつを返していました。お互いの「愛・所属」の欲求が満たされます。すぐに、「拍手があると、先生は嬉しいんですけど」とユーモアをもって投げかけると、子どもたちの緊張がとれ、「生存」の欲求や「楽しみ」の欲求を満たし、子どもたちは拍手し、先生から「ありがとう」と言われることで、「力（承認）」の欲求を満たしました。

　教室に入って直ぐ、「世界共通の☺マークを描いていい？」と子どもたちに尋ね、黒板に☺マークを描いてクイズを出されたことで、子どもたちは、「楽しみ」の欲求が満たされ、「マスクの下は笑顔で」と笑顔の大切さを強調されたことで、「愛・所属」の欲求も満たされました。
「笑顔の45分にしたいと思います。いいぞという言う人は、やる気の姿勢を見せてください。すごいですね。いいですね」という呼びかけで、子どもたちは、「力（承認）」の欲求も満たされました。「笑顔」を強調した呼びかけによって安心感がもて、「生存」の欲求や、温かい気持ちになって「愛・所属」の欲求が満たされていったと思います。
「あと5ミリ、やる気の姿勢をみせてください」という投げかけも、脳のはたらき方から考えて無理がなく心地よいと思います。どんな状態の子どもでも、「5ミリならできる！」と考えるのではないでしょうか。

　そして、子どもたちが各自、背筋を5ミリ以上伸ばすと、菊池先生は、間髪入れず、「すごいですね。いいですね、この教室は！」とみんなの努力を承認しているので、「愛・所属」の欲求も「力（承認）」の欲求も学級全体でも満たされます。特別なことを認めるのではなく、「やろうとすればできることをさせ、そして、できたことを心から承認する」姿勢に心を打たれました。子どもは誰もが平等に認められたことで、心に余裕ができ、思いやりの気持ちや意欲が持続しやすいと思います。菊池先生の「子どもを信頼して伸ばす姿勢」に貫かれていると感じました。ここまで、わずか2分で、5つの欲求が満たされました。

授業全体に動きがあり、立ったり、座ったり、話し合ったりと、行為の変化によって気分も変わり、集中力が持続します。「拍手の準備はいいですか？」とか「よい拍手とは、強く、細かく、元気よく、指の骨が折れるまでたたくんです！」という言い方は、語呂良くユーモアがあり活気が増して、児童の「自由」や「楽しみ」の欲求が満たされます。子どもは、大人に比べ、生活の中で遊びや自由や楽しみを多く求めますので、欲求が満たされやすい仕組みになっています。盛大な拍手を送られた子どもは、「力（承認）」の欲求が一段と満たされたことでしょう。

　菊池先生は、質問した時には、子どもの意見をまず受容し、内容を復唱したり、「いいね」「えらいね」「すごいね」という言葉を返したりしますので、児童は、「力（承認）」の欲求を満たされ、意欲が引き出されます。温かい言葉、態度でフィードバックが積み重ねられ、『恐れがなく、学びやすい空間』がつくられていきました。

　また、勉強に苦手意識をもっている子どもにとって、「書けなくてもよい、これだけ友達がいるので、写し合えばいいんです」の言葉は、不安が吹き飛び安心でき、「生存」の欲求が満たされます。友達に教えてあげた子どもは、「力（承認）」の欲求が満たされます。机間巡視の間、「なるほどね。いいね」と「ほめ言葉のシャワー」を注ぎ続けられ、「力（承認）」の欲求がたっぷりと満たされました。

　特に印象的だったのは、「川柳と俳句のちがい」について発表する場面です。ほとんどワークシートに書けなかった子どもに対して、菊池先生は、「友達と考えて一生懸命書こうとしている友達がいる」と注目して、「書こうとする姿勢」を認めると、子どもたちは大きな拍手を送りました。教師が、子どもを認めようという姿勢をもてば、どの子も認めることができるという象徴的な場面だと思いました。

　成果を出している人だけを認めるのではなく、努力のプロセスも認める菊池先生。その原点は、その子どもの存在自体を大切に想う菊池先生の姿勢にあると感じました。全ての子どもたちを大切にして伸ばしたいという先生の姿勢に、子どもたちは「愛・所属」と「力（承認）」の欲

求が満たされていき、すべての欲求が満たされやすくなる安全な教室環境のもと授業が展開されました。

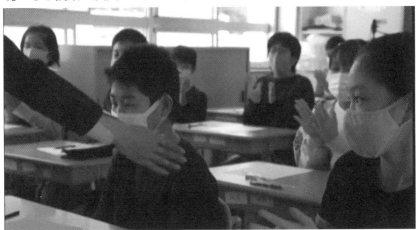

　写真の子どもは、菊池先生の言葉で、自分で自分を認めることができ、瞳が希望で輝いたように見えました。

　菊池先生のその価値観を学級の子どもたちも受け入れて、大きな拍手を送ったとき、すかさず先生が、「いい教室じゃあないですか！」と承認し、学級全員の「愛・所属」も「力(承認)」の欲求も満たされました。

　これが、菊池先生の授業の真髄だと感じました。気になる子どもの能力を引き出しながら、学級のみんなを認めるという姿勢が伝わり、より質の高い共同学習にもつながっていきます。

　欲求充足の重要性を教師集団が理解し共有すれば、どんなに素晴らしい学校ができるでしょうか。アメリカには選択理論を全教師が学んで子どもに関わる学校がたくさんあり、問題行動が皆無で成績も州でトップクラスという結果を出しています。同時に、学校の子どもに対して選択理論を実践すると、教師間の人間関係、教師の家族関係にも必ず好影響があります。私生活でも人を変えようとしないで、内的コントロールの思考が続くからです。菊池先生のように愛情と信頼が伝わる関わり方は、5つの欲求が満たされ、子どもの成長を引き出し、変化の激しい時代をたくましく楽しく生き抜く土台になると思います。

## **4** 分析④　チームビルディング（統合組織開発）の視点から

# 信頼と規律を同時につくる、個人と集団への相互アプローチ

株式会社カイシン　組織開発コンサルタント　牧野　真雄

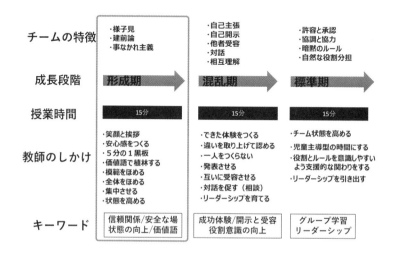

| チームの特徴 | ・様子見<br>・建前論<br>・事なかれ主義 | ・自己主張<br>・自己開示<br>・他者受容<br>・対話<br>・相互理解 | ・許容と承認<br>・協調と協力<br>・暗黙のルール<br>・自然な役割分担 |
|---|---|---|---|
| 成長段階 | 形成期 | 混乱期 | 標準期 |
| 授業時間 | 15分 | 15分 | 15分 |
| 教師のしかけ | ・笑顔と挨拶<br>・安心感をつくる<br>・5分の1黒板<br>・価値語で植林する<br>・模範をほめる<br>・全体をほめる<br>・集中させる<br>・状態を高める | ・できた体験をつくる<br>・違いを取り上げて認める<br>・一人をつくらない<br>・発表させる<br>・互いに受容させる<br>・対話を促す（相談）<br>・リーダーシップを育てる | ・チーム状態を高める<br>・児童主導型の時間にする<br>・役割とルールを意識しやすいよう支援的な関わりをする<br>・リーダーシップを引き出す |
| キーワード | 信頼関係/安全な場<br>状態の向上/価値語 | 成功体験/開示と受容<br>役割意識の向上 | グループ学習<br>リーダーシップ |

　最初の15分は、関係性をつくることと学級の空気をつくることが2大テーマとなっています。

　各専門家の分析にもありましたように、菊池先生はいろいろな理論に沿った様々な手法を用いて、教師と子どもの信頼関係を築いています。

　3つの専門的分析に共通して述べられていることは、①菊池先生は子どもの不安を払拭し安心感を与えていること、②子どもの欲求を充足させることで信頼関係を築いていること、③教師のコミュニケーション力や身体表現力によって教室全体の規律や空気感をつくっていることに集約できます。

　この3点について、さらに理解を深めていきましょう。

### ①不安を払拭し安心感を与えている

　人間の本能として、初めて出会った人に対しては、警戒心を抱き距離を取って様子見をします。ですから、学校では新しい担任が発表された新学期の初日、職場では新しい上司がやってきた初日、子どもや部下はどのような人なのだろうかと様子を見たり警戒したりすることがあると思います。初めて会ったときの第一印象から始まり、どのような言葉を発するのか、どのような行動をとるのか、自分たちにどのように関わってくるのかによって関係性がつくられていきます。

　菊池先生は笑顔をとても重要視していますが、第2章でも述べたように、これは脳科学的にはものすごく的を射ています。何度も言いますが、顔の表情というものは、人の感情や体の状態に直接影響を与えるものです。穏やかな表情、にっこりとした笑顔、優しい眼差し、笑い声など、その場にいる人々の表情・声・態度・姿勢が温かく和やかな空気というものをつくり出します。これらによる神経的なはたらきによって人は安心を得られるのです。

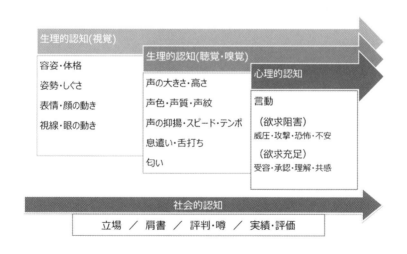

　ただ笑顔や表情だけでは、温かい空気感や安心感は続きません。次は、どうやって不安を払拭しているのかについて考察していきます。

菊池先生が飛込授業をする際に、子どもたちが不安に感じていること
は何でしょうか。おそらく、初めて授業を担当する教師に対して子ども
が抱く不安は、「怖い先生じゃないかな」「怒られないかな」「面倒くさ
いことしないかな」「難しい授業じゃないかな」「どのような授業になる
のかな」など様々でしょう。第2章で述べましたように不安とは期待が
叶うか叶わないか分からない状態、見通しが見えないときに起こります。
どうなるか分からない状態は人にとっては不安なものなのです。

　そこで、菊池先生は冒頭部の2分で「この45分は笑顔を大事にする
授業をする」というビジョン（授業目標）を、子どもたちに体験させた
上で口頭でも伝えることによって、漠然とした不安をまずは打ち消して
います。そしてここから先は、笑顔・温かい空気を一貫してつくり出す
ように教師が指示指導をしていきます。その際に、5分の1黒板を活用
します。ビジョンや目標というものは目先のことに捉われるとすぐに忘
れてしまうものです。そのため、もっとも大切である「45分の授業目標」
「理想とする行動態度」「大切にすべき考え方」を、5分の1黒板を活用
しながら価値語として頻繁に伝えていくのです。

## ②子どもの欲求を充足させることで信頼関係を築いている

　ここの部分は各専門家の分析でもたくさん取り上げられているため、
詳しくは書きませんが、菊池先生は3通りの欲求の満たし方をしている
ことだけをお伝えしたいと思います。

　1つめは、菊池先生自身が子ども個々人の欲求承認をすることで、教
師と子どもの関係を築いていることです。この点については、それぞれ
の分析で細やかな事例があげられていた通りです。

　2つめは、クラス全体をほめることによって、仲間意識の向上、学級
の一体感づくりをしながらも、複数の子どもを同時にほめて欲求承認を
していることです。このほめ方だと、たくさんの子どもをほめることが
できますし、ピンポイントでほめられなくても、自分自身が少しでもで
きていると感じる子どもは自分のことを承認してくれていると感じるこ

とができます。また、自分＝学級の構図ができると、学級がほめられるのは自分がほめられることと同等に感じます。この構図をつくることで、価値語や事前指導なども伝わりやすいような場をつくっています。

　３つめは、子ども同士で欲求承認をさせているということです。いくら教師と子どもの信頼関係ができても、子ども同士で安全な場や安心した空間ができていないと話し合いや学び合いは当然できません。このときの順番も大切です。いきなり子ども同士で欲求を満たし合うことは難しいので、まずは教師と子どもの関係を築き、教室全体の空気をつくることで、子ども同士が欲求承認行動を取りやすくしています。

　以上の３つの欲求承認によって、菊池先生は縦糸と横糸の関係をつくり上げ、クラス全体を安心感と信頼に包まれた場に変容をさせているのです。

### ③教師のコミュニケーション力や身体表現力によって教室全体の規律や空気感をつくっている

　菊池先生は、「和やかな場」「集中する場」「元気に話し合う場」の３つの場をつくり、それらを切り替えて授業のスピードとテンポをコントロールしています。

　冒頭の２分を見てみましょう。まずは挨拶をして拍手を誘い「和やかな場」をつくります。その流れで『世界共通のマーク描いていい？』と聞き、ここから５分の１黒板を使って「集中する場」に空気を変えています。何もしゃべらずに笑顔マークを描き始めるのです。そのあとに「分かったら手を挙げる」と小声で指示を出します。この一連の動きで、教室の空気をつくっているのが分かるでしょう。形成期にあるメンバーは周囲とりわけ中心人物の空気を読みます。教室でいうならば当然ながら教師の初動を探ります。空気を読むというのは空気を合わせるということですから、拍手で温かくなった教室でも、教師が急に静寂の空気をつくったら子どもはその静寂な空気に合わせるのです。

　そのあとの空気の変遷も見てみましょう。

「集中する場」：先生が笑顔マークを静かに描いている。

「元気に話し合う場」：『あんたまだ分からんか？と聞いてごらん』という指示を出し子どもたちが話し合う。

「集中する場」：『続き描ける人？』と聞き黒板に子どもに描かせる。

「和やかな場」：解答した子どもに拍手を送らせる。

「集中する場」：『やる気の姿勢を見せてください』の指示で子どもが姿勢を整える。

　菊池先生は冒頭のわずか２分で７回もテンポよくスピード感をもって場を変えているのです。このテンポとスピード感が学級の基準となるため、切り替えができる規律ある授業運営が可能になっています。

　そして、繰り返しになりますが、この場の体験と切り替えは冒頭部分で行うことが肝心です。どのような先生なのだろう、どのような授業なのだろうという様子見状態にあるからこそ効果を発揮することができるのです。ある程度の時間が経ち、マンネリ化した授業空気の中で、子どもと教師の関係が固着していたらこの場のコントロールは難しいでしょう。

　もう１つ、教室の規律づくりに効果を発揮しているのが、ほめ言葉と価値語です。『②子どもの欲求を充足させることで信頼関係を築いている』の２つめで学級全体をほめる話をしました。お伝えしたように、学級＝自分という構図ができることで、菊池先生が学級全体に価値付けをすると、それはそのまま自分にも価値付けをされるという効果があります。

　同時に、その価値付けが学級内での行動規範となり、それに反する行動が取りづらくなるという抑制効果がはたらきます。社会心理学で言う同調行動と呼ばれるもので、多数の人が同じ行動をとると、それに影響を受けて同じ行動をとろうとすることです。

　菊池実践のすごいところは、社会心理学や集団力学の要素も上手に使われていることです。公の行動をするためには、集団心理的に個人を抑制する場面が必要であり、その行動を促す際には集団の力を上手に活用

します。教室全体の力を活用して、教師の言いたいことやしてほしい行動を子どもにさせ、子どもに場をつくらせることで教師が別の役割で関わることでできるようにしています。

　一方で、「一人が美しい」「みんな違っていい」という価値語や指導によって、同調圧力や集団極性化といった対話的な深い学びを阻害するような社会心理的な効果が起きないようにもしています。
「公に通用した上で個性を発揮できる人を育てる」といった教育観があるからこそだと思いますが、集団心理をうまく活用した場づくりとその切り替えによって規律が保たれながら、安心と信頼にあふれる学級をつくっていることがお分かりいただけたかと思います。

# 落伍者を出さずに、
# 空気を高める！

## 1 はじめに

# 学びとリーダーシップを高める 15分

株式会社カイシン　組織開発コンサルタント　牧野　真雄

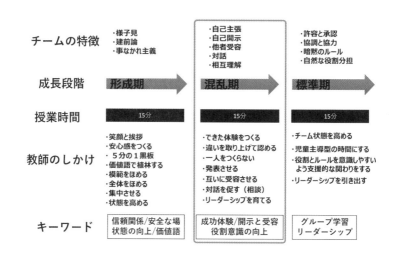

| | 形成期 | 混乱期 | 標準期 |
| --- | --- | --- | --- |
| チームの特徴 | ・様子見<br>・建前論<br>・事なかれ主義 | ・自己主張<br>・自己開示<br>・他者受容<br>・対話<br>・相互理解 | ・許容と承認<br>・協調と協力<br>・暗黙のルール<br>・自然な役割分担 |
| 成長段階 | 形成期 | 混乱期 | 標準期 |
| 授業時間 | 15分 | 15分 | 15分 |
| 教師のしかけ | ・笑顔と挨拶<br>・安心感をつくる<br>・5分の1黒板<br>・価値語で植林する<br>・模範をほめる<br>・全体をほめる<br>・集中させる<br>・状態を高める | ・できた体験をつくる<br>・違いを取り上げて認める<br>・一人をつくらない<br>・発表させる<br>・互いに受容させる<br>・対話を促す（相談）<br>・リーダーシップを育てる | ・チーム状態を高める<br>・児童主導型の時間にする<br>・役割とルールを意識しやすい<br>　よう支援的な関わりをする<br>・リーダーシップを引き出す |
| キーワード | 信頼関係/安全な場<br>状態の向上/価値語 | 成功体験/開示と受容<br>役割意識の向上 | グループ学習<br>リーダーシップ |

　中盤の 15分は、個々人の意見や考えを出させることと、その違いを受け入れること、成功体験をさせることが重要なテーマです。

　個人の意見や考えを出させるために、まずは個人で考えるということそしてそれを子ども同士で伝え合う、共有発表し合うということを行います。

　その際に 5分の1黒板や価値語を活用して、互いの違いや個性を受け入れられるように指導していきます。そして、思いついた、書けた、分かった、言えた、発表できた、拍手をもらえた、ほめられた、授業についていけている、というような成功体験を積むことによって自信とやる気を引き出していきます。

　またこの 15分で授業に積極的に参加し周囲をリードしていくリー

ダーシップを発揮する児童が現れます。このリーダー的な役割を担う児童が出てくるようにすることが、最後の15分に子どもたちが主体的で対話的な学びをするための布石になります。

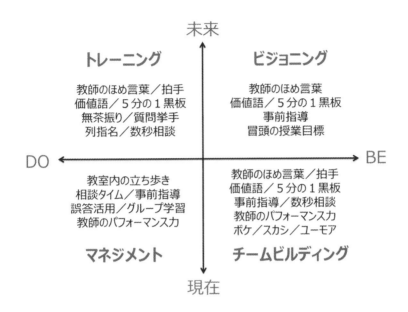

中盤の15分は、冒頭の15分と同じようにチームビルディングとビジョニングを意識しながらも、トレーニングとマネジメントの要素が強くなっています。これは最後の15分で子どもたち主導の授業にもっていくための準備として、マネジメントにより生徒たちの授業参加態度を向上させ、クラスのスピードとテンポをさらに高めていきます。トレーニングにより、多くの生徒に成功体験をさせること、そしてリーダーを育てることを行います。

　チームビルディング的な関わりとしては、解答スピードや解答量を競わせたり、できなかったら恥ずかしいというようなストレス負荷をかけたりする一方で、それぞれ意見に違いがあること、それを受け入れ合うことを促していきます。

## 2 授業記録【中盤の3分の1】

授業動画は、こちらからご覧いただけます。　YouTube QR コード ≫

https://youtu.be/_1A_HWl61rA

6年1組授業記録

| 時間 | 菊池（太字：言語　細字：非言語） | 子どもたち<br>（太字：言語　細字：非言語） |
|---|---|---|
| | で、実は、令和2年度、今年度の候補作品が今いくつか出ているんですね。<br>ノートを一度両手で持ち、「いくつか出ている」のところでジェスチャーしている。<br>それをいくつか書いていきますね。<br>ノートを一度見たあと、黒板に書く。<br>まだ、始まったばかりですからね。<br>川柳を書く。（よちよちと）<br>黒板に川柳を書き終えて（よちよちと効き令和ころぶなよ）、子どもたちの方にゆっくりと振り返りながら一言。<br>ね。<br>えらいですね、みなさん。先生のこのチョークの先を見ているから。ね。集中していろんな活動がスピードを豊かにできるんでしょうね。<br>話しながら、5分の1黒板にスピードと書く。<br>教室の逆方向にゆっくりと移動しながら伝える。<br>見るは聞く、聞くは集中、集中はスピード。<br>話している最中「スピード」の言葉を言うときに、5分の1黒板（スピード）をさす。<br>いい教室ですね。本当ね。 | 菊池先生の方を向いて、話を聞いている。 |
| 58秒 | 微笑んで、子どもたちの方へ手を伸ばし回しながらジェスチャーをする。<br>黒板の方を向きながら指をさしながら<br>これが1つ目<br>黒板に文字を書き始めるときに<br>2つ目<br>黒板に川柳を書く。（国勢調査） | |
| 1分21秒 | 社会の勉強で習ったかもしれないけれど、国のいろんなことを調べる調査があるの。国勢調査というね。<br>子どもたちの方を向きながらジェスチャーを交えて説明する。<br>えっと、人口が日本で何人いるかというのを最後、数的に出したり、年齢別の人口を出したりね、あなたの家族は何人ですかとかね、そういったのをいろいろ調べる国勢調査というのがあるのですが…。 | |
| 1分38秒 | 川柳の続きを書く。（同居）<br>ね。一緒にお家に住んでいるね。<br>川柳の続きを書く。（してます）<br>令和時代ですよ、これからのあなたたちが生きる時代。<br>川柳の3行目に空白枠を書いて子どもたちの方を向く。 | |

| | | |
|---|---|---|
| 2分2秒 | 首をかしげながら空白枠を指さしたあとに、両手を広げて子どもたちに渡すかのようなジェスチャーをしながらね、これからを生きる時代ね。<br>国勢調査をしたら、同居しています、何々と。ほにゃららと。<br>軽く右手を子どもたちの方をさしながら<br>はい。ヒントほしい人？ | 初めはちらほらと挙手をしだし、ほとんどの児童が手を挙げる。 |
| 2分4秒 | これ当たるんだな。<br>ヒントは、カタカナでございます。 | |
| 2分17秒 | いい？みんなの中で好きな人がいるかもしれませんね。<br>令和時代です。あなたたちが堂々と生きてね、生き抜く時代ですよ。<br>予想してくださいね。いい？<br>指さしてぱっと見るが、別の方へ視線を移す。<br>速いな。もう書いている人がいます。<br>口元に手を当てて、ヒントとなるように言う。 | 書き始める児童がいる。 |
| 2分25秒 | ロボッ…<br>「と」があるということは4本ですね。<br>机を叩きながら、トントントントン | |
| 2分28秒 | そうですね。五・七・五でございますから。<br>はい、じゃあ書きましょう。<br>教室を右側から左側へ移動する。子どもの解答を見て、微笑み拍手を小さくする。<br>当たるかな？<br>再び、右側へ移動する。 | えー。 |
| 2分48秒 | おおー。<br>すごーい。なるほど。 | |
| 3分1秒 | おお、すごいな、これすごいわ。<br>左手を挙げながら、 | |
| 3分10秒 | はい、ちょっと止めましょう。<br>ちょっとこれ…笑う。<br>何か書いたぞという人立ってごらん。<br>いるんだー。すごいな。<br>児童を手でさしながら、<br>じゃあこちらの友達から。 | 5・6人ほど立つ。<br><br>イヌネコと |
| 3分35秒 | ジェスチャーしながら話す。<br>あぁ、なるほどね。イヌネコ動物もこれからね家族みたいになっていくんだと。<br>なるほど。<br>児童を手でさして。<br>はい、どうぞ。<br>黒板の同居を手で示しながら、<br>あ、友達と同居していると。 | トモダチ |
| 3分47秒 | なるほどねー。<br>児童を手で当てて。<br>はいどうぞ。 | ウイルス |

| 時間 | | |
|---|---|---|
| | 黒板を指さしながら笑う。<br>同居してます、ウイルスと。 | 発表した児童もその他の児童も笑う。 |
| | 5分の1黒板を指さしながら<br>君のらしさの発揮だ。<br>児童を手でさしながら。<br>ねー、拍手を送るしかないですね。 | 拍手 |
| 4分1秒 | ウイルスとなるほどね、カタカナってところは合っているんだけどな。<br>手でグーを出して、パーにしながら児童を当てて、<br>はい、どうぞ。 | ぼくもウイルス。 |
| | 手でジェスチャーしながら、児童を手でさす。<br>いいよ君、思い出す力すごいな、はいどうぞ。 | えー、ライオン。<br>笑う |
| | あ、あ、同居。国と国のあれも境目もなくなっていくんだと。なるほど、深いな。どうぞ。 | アメリカです。 |
| | あー、ロボット。はい、どうぞ。<br>教室前から後ろへ移動しながら、 | ロボット<br><br>ぼくも○○さんと同じアメリカです。 |
| | あ、アメリカ。なるほどね、アメリカは傘下にいて日本はどうなんだと、ね。まぁ、いろいろあるかもしれませんけど。<br>児童を手でさし、<br>はい、どうぞ。 | |
| | あ、同居しています。マスクと。<br>黒板をさして振り返りながら、発表した児童をさして全体を見る。<br>教室の後ろから前へと戻る。<br>はい、今の中に正解が出ました。<br>「ロボット」と発表した児童を手でさしながら、<br>はい、彼女が言ったのを覚えていた人？<br>聞いていた人？ | えー、マスク。<br>拍手 |
| | 右側から左側へ移動しながら、<br>いい教室ですね。そうやって聞き合うんだー。いいじゃないですか。一番遠い友だちに聞いてみましょうか。<br>誰かのつぶやきも聞き逃さない、はい、どうぞ。 | 大半の児童が手を挙げる。 |
| | はい、大正解。<br>また、右側へ戻り2人の児童を指さしながら、<br>2人に拍手<br>黒板にロボットと書く。 | ロボット<br><br>拍手 |
| 5分13秒 | ね、こういう時代が来るのかもしれませんね。<br>川柳の最後を書く。（風水害） | |
| 5分23秒 | 3つ目。 | |

|  |  |  |
|---|---|---|
|  | 数年前に愛媛県も南の方で大きな被害がありましたね。毎年毎年どこかで聞いていますね。 |  |
|  | 続きを書く。（令和列島）右手を回しながら、軽くジャンプする。 |  |
|  | ね、令和の日本列島。 |  |
|  | 川柳の最後を書く。 |  |
|  | ね、令和。 |  |
|  | じゃ、最後ね。 |  |
|  | 川柳を書く。（□□□は部下か上司か） |  |
|  | ほにゃららは部下か上司か。 |  |
|  | 最後を書く。（同僚か） |  |
|  | 同僚か。 |  |
|  | 手で上・下・同じを示す。 |  |
|  | ね、同じあれかと。ね、部下か上司か同僚か。 |  |
|  | □□□の部分を指さし、 |  |
|  | ここ、この時代ですよ。 |  |
|  | 令和の写真も指さしながら、 |  |
|  | これからの時代ですよ。いい？ |  |
|  | ヒントほしい人？ | ぱっと手を挙げる。 |
|  | あ、君たちは反応がいいね。 |  |
|  | 反応が…はい、おろして。 |  |
|  | 黒板をさして、 |  |
|  | えっと、今年度から本格的に外国語活動が始まりました。アルファベットです。 | えー、マジで。首をかしげる児童もいる。 |
| 6分52秒 | 今、いいヒントになった。えーとか言ったじゃん。 |  |
|  | ジェスチャー、上を見る。 |  |
|  | あ、じゃ、考えましょう。 |  |
|  | 令和時代だよ。えーとか言ってたら思いつきますよね。 |  |
|  | 頑張れ、令和時代を生きる君たち。 | えー、アルファベット？ |
|  | うなずく |  |
|  | 一番前の児童にうなずく。 |  |
|  | ねー、 |  |
|  | よーし、いくぞ。 |  |
|  | 少し笑いながら、 |  |
|  | 正解が出るでしょうね。 |  |
|  | いい？マスクの下は笑顔で。はい、いろんな友達と何て書いた？って。はい、行け行け行け行け。 | 紙を持って動き回ろうとしている。 |
|  | ジェスチャーして笑う。 |  |
|  |  | 男女で聞き合う。 |
| 7分56秒 | はい、やめましょう。 |  |
|  | 君たちいいわ、いいわー。 |  |
|  | はい、何か書いたぞっていう人立ちましょう。 |  |
|  |  | 大半の児童が立つ。 |
|  | いいねー、面白いね。よし。 |  |
|  | じゃあこちらから。 |  |
|  | 笑う | PTA |
|  | PTA |  |

第4章 落伍者を出さずに、空気を高める！　103

| | | |
|---|---|---|
| | 児童をさしながら、<br>拍手を送るしかない。 | 発表した児童　髪をかき上げる。 |
| | 発表児童と目線を合わせて、<br>深いでございますね。これは深いなー。深い！！ | 全体児童拍手<br>発表した児童、自分でも拍手 |
| | 笑いながら、<br>はい、どうぞ。<br>笑いながら→止まらない。 | AI です。 |
| | AI なるほど。<br>手でさしながら、一歩のり出して、<br>はい、どうぞ。 | AI |
| | あっ、君。<br>じゃ同じ人座ってもらっていい？ | 同じ児童は座り、4 人ほど残る。 |
| | その児童の近くに寄って。 | USA |
| | USA<br>ねー、ISSA さんにお会いしたら何か言っとこう。はい、どうぞ。<br>首をかしげて<br>ん？ | 他の児童が USA と笑う。<br>DIY |
| | DIY ？それは何の略なの？ | DIY です。 |
| 9分11秒 | あっ、なるほど、そういうのがあるんだー。<br>5 分の 1 黒板をさしながら、<br>思い出す力ですね。<br>首をかしげて・すごいなー。<br>はい、どうぞ。 | えー、何かを作ったりすることの略です。 |
| | ん？ GOD ？どういうこと？ | GOD |
| | なるほどね、はい、どうぞ。 | ゴッド<br>全体児童が笑う。<br>ABC です。 |
| | ABC って、それどういう意味？<br>前から 2 番目の席の男の子のところへ行き、手でさす。<br>ずーっと、最初から思っていたんだけど、君の発想いいね。君らしさだよね。 | A で性格が分かる。<br>児童が菊池先生を見上げる。 |
| 9分55秒 | 一生懸命考えているから、考えれば考えるほどらしさが出てくるんだよね。すばらしいことだと思いますよ。自分らしさを発揮できる彼もすばらしいし、発揮してもいいという安心感をつくり出しているみんなもえらいんですよね。<br>これ当たり前のことですけどね。これ本当、重要ですよ。重要ですよ。幸せな教室ですよ。<br>その児童のところまで行って、手でさす。 | 自然と拍手が起こる。（初めは一番右奥の児童） |

104

| | | |
|---|---|---|
| | はい、どうぞ。 | MVP |
| | あっ、MVP ね。なるほど。 | |
| | 黒板に AI と書き、笑いながら、 | |
| | これをつくられた方は、残念ながら PTA ではなくて、AI でございます。 | 笑う |
| 10 分 18 秒 | よし、じゃあ聞いてみよ。 | |
| | 川柳に①②③④とつぶやきながら書く。 | |
| | あえてこの中で 1 個自分はこれ好きだなと思うのを選んでほしいと思うんだけど、 | |
| | 5 分の 1 黒板のところへ行き、「ひとりひとりちがっていい」に丸をつける。 | |
| | | えーっと口にする児童がいる。 |
| | 当然ですよね。いい? | |
| | はい、1 個だけ番号を書きましょう。 | |
| 10 分 48 秒 | これも自分らしさでしょうか? | |
| | 黒板を指さしながら、 | |
| | この番号を書きましょう。 | |
| | よし書いた人、やる気の姿勢を見せてください。 | |
| | 速いねー、速いね。 | |
| | 手でその児童を示しながら、 | |
| | さっきのこの列ね、後ろの女の子のようにピシっと挙げてくださいね。 | |
| | はい、①と書いた人? | |
| | 1、2、3、4、5、6　6 人? | |
| | はい、②と書いた人? | |
| | 1、2…11、12　12 人。 | |
| | はい、③と書いた人? | |
| | 目視で数える。 | |
| | 1 人 | |
| | はい、④と書いた人? | |
| | 9 人 | |
| | 学級担任に確認する。 | |
| | 先生これで合計ですか? | |
| | すごいね。いやこれ、本当に何回やっても合計にならない学級もあるんですよ。いや、みなさんは 1 回でね。バシッと合計になる。何でもないことみたいだけれど、これめちゃくちゃすごいことなんですよ。 | |
| 11 分 52 秒 | いい教室の証明です。どうしてこういういい教室になったか分かる? | |
| | 先生何か分かってきた気がしたんだけど、分かった気がしたから言っていいですか?なぜこういう素敵な 6 年 1 組になったか言っていいですか? | |
| | ジェスチャー | |
| | はい、立ちましょう。 | |
| | はい、担任の先生の方を向きましょう。 | |
| | ね、これは担任の先生のおかげですよ。どう考えても。 | |
| | | えー |

| | | |
|---|---|---|
| | あの、えーっていうのはＡＩで終わったの。いい？ | 担任の先生も児童も笑う。 |
| | もう、感謝の気持ちを拍手で送りましょう。 | 拍手<br>担任の先生一礼。 |
| | はい、こっち向いてください。そのままでかまいません。 | 児童前を向く。 |
| | 今、こういう人数の結果になりました。はい、次に先生はみなさんにどんなことを聞くか分かる人いますか？<br>黙ってジェスチャーで示し、児童と手を合わせて軽くハイタッチをする。<br>どうぞ。 | 口々に言う。 |
| | | なぜそれを選んだかの理由を発表します。<br>拍手 |
| | 拍手の準備→発表児童をさす。 | |
| 12分58秒 | はい、理由を書けるぞという人から座って書きましょう。<br>はい、一番遅いの嫌だな。恥ずかしいな。<br>黒板を上下に分ける線を書く。 | |
| 13分23秒 | はい、止めましょう。先生、どうしてね、途中でやめましょうってすぐ言うか分かる？<br>５分の１黒板に「自分のことを自分のことばで」と書き、「みんなちがってみんないい」を手でさす。それから「自分のことを」に丸をつける。<br>（含みをもたせて）いいんだから、自分のことを自分の言葉で途中でも言えるのが、先生、令和に生きる子どもたちじゃないかなーと思っているんです。<br>書いたことしか言わない、書いたことしか言えない。そういうことでは、おかしいよね？そうだよね？自分のことだから自分の言葉で理由を言う。途中でも言える、だからパッパッパーと聞くんですよね。<br>じゃあ、聞いてみようかな。①６人。 | |
| | | 挙手<br>転ぶならのところは、入っていると思うし、（ここからは紙を見ないで）〜のところは、…。〜のところは…。<br>拍手 |
| | なるほど。はい②。よし、よし②ね。<br>じゃあ、後ろから２番目の女の子どうぞ。<br>本当はね、みんなにも言ってもらいたいんだけど、どうぞ。 | |
| | | 機械が発達して生活の身近にロボットがあるかもしれない… |
| 14分52秒 | もうそういう時代になるんだと、なーるほどね。<br>③の１人の児童をさす。 | |
| | | 風水害はいつ起こるか分からない。令和列島は油断してはいけないという危機感というのがいいと思いました。 |
| | 児童と握手。 | 拍手 |

106

| | | |
|---|---|---|
| | 6人、12人と来て、ぱっと挙げた時に一瞬見たら、自分ひとりだとドキッとしますよね？ちょっとはね？でも堂々と言う。かっこいいじゃないですか。<br>先生の予想では、再び君に…<br>もう、拍手の準備をしている人もいるから拍手が来ると思います。<br>拍手の準備をしている児童をさす。<br>拍手<br>はい④・④…<br>じゃあ後ろから2番目の… | 拍手<br><br>今の時代に合っているし、これからの時代を予言しているようで面白かったからです。<br>拍手 |
| 15分53秒 | なーるほどね、もう予言しているんだとこれは、なーるほど。<br>ということで<br>黒板に「清水小6年」と書く。 | |

**3** 授業を参観しての感想 ①

# 多様な社会を生き抜く力を育む授業

サイボウズ株式会社カスタマー本部ローカルブランディング部部長　久保　正明

## 1．サイボウズが大切にする４つの企業文化

　今回、初めて菊池先生の授業を直接拝見することができました。菊池先生のご講演は何度か拝聴したことがあったのですが、その時に感じたスピード感やテンポのよさは、まさに授業の中で本領を発揮されていて、教室の後ろで聞いている私たちもどんどん授業の中に引き込まれていくようでした。

　私が所属しているサイボウズ株式会社は、「チームワークあふれる社会を創る」という企業理念の下、グループウェアと呼ばれる情報共有のためのサービスを提供する、いわゆる IT 企業です。私は現在、サイボウズの情報共有ノウハウと地域ネットワークを組み合わせて、様々な課題解決の事例づくりに従事しています。毎回様々な地域課題のご相談をいただくのですが、ここ数年は「働き方改革」についてのご相談をいただくことがとても多くなりました。

　サイボウズは、近年「働きがいのある会社ランキング」で毎回上位にランクインしたり、各種メディアで働き方改革先進企業のような取り上げ方をされたりするようになってきましたが、2005 年には年間の離職率が 28％ になるなど、ブラック企業を絵に描いたような時代がありました。そこから時間をかけて企業風土を変えていき、今のサイボウズの柔軟な働き方が実現されるようになったのです。その基本となるのは、サイボウズが大切にしている４つの考え方です。「理想への共感」「多様な個性を重視」「公明正大」「自立と議論」、これらが企業文化として定着することで、サイボウズでは「100 人 100 通りの働き方」を実現し、

みんなが働きやすいと
言ってくれるような会社
に変わってきたのです。

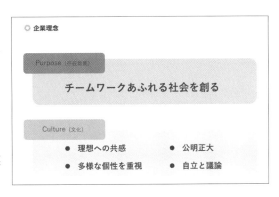

　今回菊池先生の授業を
拝見して、先生の授業の
中には、私たちが大切に
しているこの４つの企業
文化に通じることがたく
さんあると感じました。

## ２．ひとりひとりちがっていい（多様な個性を重視）

　菊池先生の授業を拝見してまず気づいたのは、子どもたちが友達の
様々な意見を、バカにしたりせずきちんと受け入れているということで
す。菊池先生が、黒板に書いた「ひとりひとりちがっていい」という言
葉を繰り返しみんなに伝えることで、心理的安全性が確保され、子ども
たちは安心して発言することができ、友達のいろいろな意見を受け入れ
ることができるようになったのだと思います。

　これは、サイボウズが大切にしている４つの企業文化の中の、「多様
な個性を重視」につながっていると感じました。これからの社会生活を
送る上で、この「多様な個性を重視」という考え方はとても重要になっ
てくるでしょう。今
後ますますグローバ
ル化する社会の中で
は、今よりも異なる
価値観に触れる機会
が圧倒的に増えてき
ます。また、少子高
齢化による生産者人
口の減少により、企

業ではさらに多様な働き方の受け入れを迫られています。短時間労働やリモートワーク、パラレルワークや外国人労働者なども今後ますます増加して行くでしょう。さらに、企業の中では LGBT への理解も進んできており、まさに多様な個性に囲まれて社会生活を送る時代がやってきているのです。今回の授業で学んだ、「ひとりひとりちがっていい」という考え方は、まさにこれからの社会を生きていく子どもたちにとって、必ず必要となる考え方になってくるでしょう。

## 3．自分のことを自分の言葉で（自立と議論）

　次に、菊池先生が黒板に書かれた「自分のことを自分のことばで」という言葉。これもサイボウズが大切にしている企業文化にとてもマッチする考え方です。

　弊社では、社内でコミュニケーションをとる際に、終わってから「何かよく分からなかった」とか、「納得いかなかった」と言うのはダメですよ、もし分からないことや気になることがあればちゃんとその場で質問しましょう、という「質問責任」の文化、そして質問された人はちゃんと説明する努力をしましょう、という「説明責任」の文化があります。つまり、お互いに自分の考えを相手に伝えて、きちんと議論をしましょうという「自立と議論」の文化をとても大切にしているのです。

　授業の中では、子どもたちが自分の考えをしっかりと自分の言葉で発表しています。授業がスピーディーに進むので、なかなか自分の考えを文章で整理する時間がありません。それでも菊池先生がおっしゃったように、書いたことしか言えないのではなく、自分の（考えている）ことを

その場で言葉にして素直に表現しているのです。このことは、簡単そうで意外と難しい、社会に出てもとても大切になる能力だと思います。例えば、私はリクルートの面接を担当することもあるのですが、面接をしていると最近の学生さんはみんなとても上手に話します。恐らくエントリーシートに書いた内容を何度も暗唱して練習してきているのでしょう、ただ、残念ながらそういった学生さんの中には、少し角度を変えて想定外の質問をすると、急に考え込んでなかなか自分の言葉で話すことができない方がいます。面接だけでなく、当然実際の仕事の中でもこの自分の考えていることを素直に相手に伝えるという「自立と議論」の考え方は、とても大切なことであることは間違いありません。今回の授業を受けた子どもたちは、自分の考えを自分の言葉でしっかり伝えており、とても素晴らしいと感じました。

## 4．小学校1時間の授業の中で学ぶべきこと

　一般的な企業で働く社会人として、小学校1時間の授業の中で学ぶべきことはたくさんあると感じましたが、特に今回の菊池先生の授業を拝見して強く感じたのは下記の3点です。
・多様な個性を認め合う力
・自分の考えを自分の言葉で表現する力
・公明正大で嘘をつかない素直な心
　新型コロナウィルスの影響で、私たちの暮らしは大きく変わりました。インターネットを使ったコミュニケーションはさらに一歩進んで、直接会わなくても画面越しで様々な人たちとつながる世の中になってきました。しかし、コミュニケーションツールが変わっても、人と人のつながりの中で、大切なことは根本的には何も変わりません。今回学んだ3つの事柄は、どんな世の中になっても大切にしなければならないことだと、私は信じています。

**3** 授業を参観しての感想 ②

# 言葉を大切にする人生

愛媛県宇和島市立畑地小学校　兵頭　美帆

## 1．菊池先生との出会い

　小さい頃、私がよくない言葉を使うと正しい使い方を祖父母が教えてくれました。社会人になるまで、言葉を意識していたのはこの程度でした。

　私は教職と一般企業との職歴があります。社会人になり、自分に任せてもらった仕事はどのような仕事でも頑張りたいという気持ちはありました。しかし、上手くいかないこともたくさんありました。私は要領よく仕事がこなせるタイプではありません。ある時、「兵頭さんだからできない」「何を言っているか意味が分からない」と毎日言われるようになりました。数回言われただけでは、何ともない言葉でも毎日、数か月言われ続けると心身ともに弱ることを知りました。自分でも洗脳され、仕事を行うことへの恐怖心、人と会うとどうせまた批判されるのだろうという思いが拭えない状態でした。そのような時に、福岡県北九州市の黒崎であった菊池先生のセミナーに参加しました。菊池先生は、愛媛から来た私を会場で認めてくださり、両手を高い位置に挙げ拍手してくださいました。職場で認められなかった私が、初めて会う菊池先生からも会場のお客さんからも愛媛から来たというだけで認めてもらえ、その時の会場の温かさが心に沁みました。そして、菊池道場で活動していた友達に愛媛支部のことを聞き、道場に参加しました。

　菊池道場では、いつも温かな言葉が広がっており、違う立場から練り合い高め合いができる場です。菊池道場に出合えたことが、私の財産となるよう励みます。

## 2．菊池先生から広がる承認の輪

　菊池先生の授業には、3S（すごい、すばらしい、さすが）が多く使われています。「できたか、できないか」「○か×か」ではなく、「ほめて、認めて、励まして」を意識されているからこそ、その場が温かい雰囲気になるのだと思います。この授業でも、菊池先生から子どもたちへほめる場面、認める場面が多数ありました。

　男子児童が発表をした際に、少し間が空きました。菊池先生はすかさずその児童をさし、拍手するように促しました。子どもに失敗感を与えず、菊池先生のとっさの判断や声かけが安心感を生むのだと思います。その後も、児童が発表すると反応をされており、友達が発表をすると自然と拍手が起こるようになりました。子どもたちから子どもたちへ認め合う瞬間だったのではないかと思います。

　また、「このような素晴らしいクラスになったのは学級担任の先生のおかげです」と子どもたちに伝える菊池先生からは、学級担任の先生も

含めてクラスの一人ひとりを大切にしたいという思いが伝わってきます。だからこそ、安心して発言できる45分だったの

ではないかと感じました。

## 3．教師のパフォーマンス力

　菊池先生の授業の最大の特徴は、ほめて、認めて、励ますという関わりだけでなく、誰もが引き込まれる教師のパフォーマンス力です。

　上の写真は、サラリーマン川柳の答えを言いそうになった時に、口を手で押さえる場面です。ほとんど答えは聞こえそうになっていましたが、子どもたちは菊池先生のパフォーマンスに引き込まれ、一生懸命考えていました。菊池先生の授業は、なぜかわくわくして引き込まれていきます。それは、菊池先生の雰囲気、態度、ふるまい、しぐさなどの非言語の部分で感じるものもあると思います。

　菊池先生の授業記録を行って分かったことは、絶えず子どもたちに３Ｓの言葉かけを行っていることと、パフォーマンスをしているということです。しかし、菊池先生が子どもたちに伝えたいという説話の際には、必ず子どもたち一人ひとりの目を見るようにして説話されています。この授業でも、「一生懸命考えているから、考えれば考えるほどらしさが出てくるんだよね。素晴らしいことだと思いますよ。自分らしさを発揮できる彼も素晴らしいし、発揮してもいいという安心感をつくり出しているみんなもえらいんですよね。これ当たり前のことですけどね。これ

本当、重要ですよ」とおっしゃり、子どもたちも菊池先生の思いを受け止め、自然と拍手が起こりました。

菊池先生は45分間で勝負されているからこそ、これだけ多くの要素があり、いかに子どもたちに伝えるかということを常に考えられているのではないかと思います。私も、勝負できる教師になりたいです。

## 4．最後に

小学校教諭という立場から、小学校1時間の授業の中で学ぶべきことは下記の2点です。
・子どもに失敗感を与えず、一人ひとりが輝けるような全体を見る目
・授業に向けてアップデートしていく教師の知識

私は以前、菊池先生の授業で教室にはいるけれど、なかなか授業に参加できない児童が参加するようになるまでを見ました。菊池先生は、全体の児童にさせたいことをその児童も参加できるような活動へと替える手立てをとられていました。個別に声をかけたわけでもありませんでした。私は、その授業を見て、子どもたちが困っていても教師の発想の転換一つで、子どもたちは自分で乗り越えようとするのだということを学びました。菊池先生は、一人ひとりが輝けるようにと常に考えられていたからこそその発想の転換だったのだと思います。

菊池先生の著書に、多くの教室にいる、特別な支援を要する子ども、外国にルーツのある子ども、格差社会の中で貧困問題を抱えている子ども…。そうした教室を「整えよう」とするのではなく、それぞれの子どもの違いを生かす授業、「調える」授業へと転換していきたいと述べられています。この調える授業を行うためには、一人ひとりの違いをどのように生かすか、教師の知識を増やして生かし方を考えなければならないのではないかと思います。

授業で学ぶことだけの知識を増やすのではなく、あらゆる分野の知識を吸収しながら、一人ひとりが輝けるような授業ができる教師になることが私の目標です。

**4** 分析① 　教育カウンセリングの視点から

# ここに答えがあります！
## 人間っていいな、先生っていいな

愛媛県教育カウンセラー協会　上級教育カウンセラー　ガイダンスカウンセラー
愛媛県松山市公立中学校教諭　渡部涼子
愛媛県新居浜市教育委員会発達支援課主任専門員　西原勝則

　最初の15分で「リレーション」と「ルール」が確立されて、安心・安全な、やる気スイッチの入った教室。そこで、この15分は、川柳の全国コンクール入賞作品の一部の言葉を予想して発表し、聴き合う活動が展開されます。子どもたちが一生懸命、自分の体験や経験と照合して言葉を思い出して、選んで、自分の思いで表現する姿、一生懸命に聴こうとする美しい姿。これも、菊池先生の一瞬も無駄にしないリーダーシップがあってのこと！・・さて、どういうことかというと・・・。

## 1．快感情と脳機能

　脳機能において、感情を司る「偏桃体」と、記憶を司る「海馬」には、"扁桃体－海馬早期警戒システム"があると言われます。

『扁桃体の快・不快の判断を研ぎ澄ませて、入力してくる外部情報を即座に判断し、海馬に貯蔵されている「楽しい記憶」「うれしいことの起きた状況の記憶」や、「いやな記憶」「不安な経験についての記憶」「人に裏切られた記憶」などと照合する。そして直ちに、「敵か、味方か」「快か、不快か」「反撃か、受け入れか」の判断をする。』
（舟橋厚著「療育に活かす脳科学」コレール社より）

　この授業では、「味方」「快」「受け入れ」にシフトされたことが、学習の構えにつながっていると言えます。

　もしかしたら、過去の嫌な記憶により瞬時に警戒システムが発動してしまう子もいるかもしれないわけですが、菊池先生のスピーディーで先手を取った「快感情」の反復により、今日のこの授業で記憶が書き換えられて警戒システムの判断が変わった子もいるかもしれません。菊池先

生には、警戒システムが「敵」「不快」「反撃」に発動しやすい記憶をもっている子どもを瞬時に見抜く観察力があり、先手を取ってほめて、笑顔にさせて、適切な発言をさせて、主導権をもちます。本当に、すごいところです。

　教室がしんどい、不安になる、不愉快になる、反抗したくなるなど、学習に向かえない自分を抱えて苦しんでいる子どもたちも、先生が主導権をもってコントロールしてくれる感覚に身を任せつつ、友達をまねて参加しているうちに、「あれ、できてる」「大丈夫だ」「ほめられた」という成功体験に置き換わっていきます。このようにして、過去の失敗体験が全て成功体験に置き換えられていったら‥！！このような「味方」「快」「受け入れ」が発動する自分になれる教室であったなら‥！！

## 2．教師のリーダーシップ

　さて、このような、個々の健全な発達を促進することができる集団づくり、個々の発達課題を解いていける場づくりをめざす手法として、「構成的グループエンカウンター」のリーダーの在りようが、参考になります。安心して自己表現し、他者との関わりのなかで気づいて自己修正していく集団をつくるには‥！？

　まさにそのことが、この授業で体現されています。

---

構成的グループエンカウンター（Structured Group Encounter：SGE）

○　ふれあい（本音と本音の交流）と自他発見（自他の固有性・独自性・かけがいのなさの発見）を目標とし、個人の行動変容を目的としています。（國分康孝）

○　子どもが自分を押し殺して同調するのではなく、違いを認め互いを認めて協調し合うグループ体験です。（河村茂雄）

○　"Courage to be"（存在への勇気）を育み、失愛恐怖や自己疎外からの脱却を可能にするものです。（片野智治）

○　『自己開示』は、「今、ここで」自分が感じていることを「アイメッセージ（私は〜である）」で伝えます。

---

> ○ **構成的グループエンカウンターの流れ**
>
> | インストラクション | ⇒ | エクササイズ | ⇒ | シェアリング |
> 　　　方法提示　　　　　　　　　活動　　　　　　自己開示による共有

　この場面で菊池先生は、「思い出すこと」「自分の言葉で表現すること」「聴き合うこと」などを、しっかり活動している子どもをモデルに全体指導し、このあと個々や班で児童の言語活動を展開するための「インストラクション（方法提示）」をしています。子どもたちが主体的に川柳をつくって対話できるように、準備していきます。

「思い浮かんだ言葉を自由に使っていいんだ」

「どれがいいかを感じるのも人それぞれ、自分らしさなんだ」

「意思表示をはっきりしたらいいんだ」

「え？そんな言葉を思い出すんだ、それもいいね」

「ふーん、そういうアイデアが思い浮かぶんだ、すごいな」

「よし、そんな感じで言えばいいんだな、じゃあこうしてみよう」

　と、方法理解と、感受性の促進がなされていきます。

　リレーションとルールが確立し、安心して自分の言葉を出し合える教室で、友達と意見を聴き合ったり自分の考えを伝え合ったりして、自分の成長につながる気づきをもつことができる、エンカウンターできる（本音を出し合える）場づくりに成功している菊池先生。リーダーとして、しっかりとこのインストラクション（方法提示）を進め、言語活動を補償するために、ＰとＭの両方を、しっかりと達成しています。

　ＰＭ理論とは－リーダーシップに着目した行動理論です。

> （Ｐ）とは、Performance　目的達成、課題遂行の機能
>
> （Ｍ）とは、Maintenance 人間関係を良好に保ち集団を維持する機能
>
> ＰＭ型：どちらも重視するリーダーシップ
>
> Ｐｍ型：Ｐが強く、Ｍが弱い、リーダーシップ
>
> ｐＭ型：Ｐが弱く、Ｍが強い、リーダーシップ
>
> ｐｍ型：どちらも弱いリーダーシップ

（三隅二不二氏が提唱）

具体的には、以下の5点に集約されます。

> ①　集団の目標を具体的に設定し、明確化すること
> ②　集団の目標を達成するための具体的な方法を示すこと
> ③　集団の目標の達成に向けて成員を動機づけること
> ④　成員間相互の好ましい人間関係を形成し集団としてまとめること
> ⑤　集団内外の資源 ( 人・モノ ) を有効に活用すること

　上の①、②がP機能（目標を達成する能力）です。姿勢や移動などの指示が通り、切り替えが速やかになされ、川柳入選作品やクイズを用いて本時の学習のねらいに迫るアプローチの部分です。

　③、④がM機能（人間関係を良好に保ち、集団のまとまりを維持する能力）で、菊池先生の「素晴らしい教室じゃないですか」「自分らしさを発揮できる素晴らしい学級じゃないですか」等の言葉が、よい集団をつくろうとする動機づけとなっています。「私は思うんですよ」という菊池先生の自己開示（アイメッセージ）が、子どもの心に響いています。

　見事なPM型のリーダーシップをもって、エンカウンターの場を構成しています。

　では、全教員が、菊池先生と全く同じ実践をすべきでしょうか。そうではないですよね。

　めざすところは、同じ、Pの目的達成（教科のねらい達成）とMの良好な人間関係と集団機能の維持（望ましい学級経営）の両立であり、そのアプローチの方法をこの授業に学ぶことではないでしょうか。

　教師自身が自分の強みと弱みを理解し、弱みを補い強みを発揮する手立てをして教壇に立つのと、そうでないのとでは、子どもたちの学校生活が、全く違ってきます。ありのままの自分を認めて努力する真摯な姿で子どもたちに向き合うことができれば・・。教師自身が自己を見つめ、研鑽して向上していく姿を見せることができれば・・。

　子どもたちに学び成長する姿のモデルを提供することができます。

## 3. 授業が、生徒指導

　「生徒指導」とは何でしょうか？服装の乱れ、いじめ対応など不適切だと思われる言動に対して指導したりトラブルに対応したりすることだというイメージが、大きいかもしれませんね。もちろん、それらも生徒指導ですが、子どもたちが社会に生きるために必要な力を育成するためのはたらきかけの全てを、生徒指導と呼びます。日常の学校生活の全ての場を通して、一人ひとりの人格と社会性を高めることをめざします。以下の内容が、文部科学省『生徒指導提要』に説明されています。

> 　生徒指導とは、一人一人の児童生徒の人格を尊重し、個性の伸長を図りながら、社会的資質や行動力を高めることを目指して行われる教育活動のことです。すなわち、生徒指導 は、すべての児童生徒のそれぞれの人格のよりよき発達を目指すとともに、学校生活がすべての児童生徒にとって有意義で興味深く、充実したものになることを目指しています。

> 　学習指導における生徒指導の一つは、各教科等における学習活動が成立するために、一人一人の児童生徒が落ち着いた雰囲気の下で学習に取り組めるよう、基本的な学習態度の在り方等についての指導を行うこと で す。もう一つは、各教科等の学習において、一人一人の児童生徒が、そのねらいの達成に向けて意欲的に学習に取り組めるよう、一人一人を生かした創意工夫ある指導を行うことです。これが自己実現や自己指導能力の育成にもつながります。 指導に際しては、①児童生徒に自己存在感を与えること、②共感的な人間関係を育成すること、③自己決定の場を与え自己の可能性の開発を援助することの三つの視点に留意することが考えられます。具体的には、一人一人の児童生徒のよさや興味関心を生かした指導や、児童生徒が互いの考えを交流し、互いのよさに学び合う場を工夫した指導、一人一人の児童生徒が主体的に学ぶことができるよう課題の設定や学び方について自ら選択する場を工夫した指導など、様々な工夫をすることが考えられます。 学習指導の場におけるこれらの指導は、まさに積極的に生徒指導を行うことでもあります。

いかがでしょうか？

まさに、この授業は、「積極的な生徒指導」ではありませんか？「予防・開発的な生徒指導」とも言えるかもしれません。

学習指導における生徒指導、基本的な学習態度等の育成も、教科等の学習のねらい達成に向けての創意工夫ある指導も、見事になされています。そして、子どもたち一人ひとりが自己存在感をもって、生き生きと活動しています。共感的な人間関係が育成されています。自己決定の場があり、自己の可能性を広げていくことができるような配慮が十分になされていますよね。

この授業では、様々なしかけにより、児童一人ひとりを主体的な学習に誘い、川柳に関する知識を身につけて自分の作品をつくったり、友達と話し合ったり聞き合ったりする力を高めたりすることができました。教科のねらいの達成です。

そして同時に、教師の在り方や自己開示によって、自分らしさを大事にする在り方や仲間としての在り方を教え、これからの令和時代の社会に生きる子どもたちへの愛情あふれる言葉が、深い価値に結びついていきました。

菊池先生の授業は、実は、生徒指導そのもの！というわけです。

子どもたちにとって学校生活の中心は、授業です。国語や算数や社会科や・・その1時間、1時間の授業のなかで、教科の学習のねらいを達成すると同時に、生徒指導を行うという意識。子どもたちに生き方を伝えようとする教師の本気の姿勢。子どもたちがこれからの人生を生きていくために必要な力を、今、この授業で、育てるという愛。決意。・・どうやったら、そのような教師になっていけるのでしょうか。

菊池先生は、どんな生き方をされているのだろう。・・菊池先生の人生を、覗いてみたくなりませんか？

大人であってもこのように影響を受ける、毎日一緒に過ごす、先生。人生の初期に、先生の「本気」、先生の「愛」に、出会えたなら・・・！！

**4** 分析② コミュニケーション心理学 (NLP) の視点から

# 全ての子どもに浸透する
# 魔法の声かけ

米国 NLP 協会認定 NLP トレーナー　中嶋美知

## 1. 拒否できないほめ方・指示

　NLP の最初のモデリング対象となった、催眠療法のミルトン・エリクソン博士は、クライアントの抵抗を、するりと交わす言葉かけで、ほかのセラピストがお手上げのクライアントにも効果的な変化を起こしていました。菊池先生の言葉の使い方の中にも、同様の声かけが多く見られます。

## ●ほめ言葉

| みんなの手柄 | 「君の発想、いいね」「自分らしさを発揮できる彼も素晴らしいし、発揮してもいいという安心感をみんなで創り出している、みんなもえらいんですよね。当たり前のことだけどね、ほんと重要ですよ、幸せな教室ですよ」一人をほめたあとに、加えてみんなの手柄でもあるとほめることで、嫉妬が起きないようにしているどころか、ほかの子がほめられることを自分のことのように喜ばしく思えるチームシップが高まります |
|---|---|
| 児童の手柄 | 「あ、俳句は季語が入る。どちらかと言うと川柳とは…」と児童の発言を拾いつつ補足することで、児童は教えられた感が少なくなります。言葉足らずの児童も、まるで自分が考えて発言できたかのように、自信を高めていきます |
| 疑問 | 「どうしてこういうよい教室になったか分かる？言ってもいい？立ちましょう。後ろを振り向きましょう。これはどう見ても担任の先生のおかげですよ」まず人は問われると答えをつい考えようとします。そして『どうして？』に答えるには、よい教室という前提を受け入れずにはいられません。その上、イエスセットを積み重ねて一貫性を創り浸透させ、担任の先生との絆を深めています。このように非常に丁寧なステップを積み重ねることは、高い効果を発揮します。ただ単に「よい教室ですね、担任の先生のおかげです」と言ったのでは、心のなかで幾らでも反論できるからです |

| つぶやき | 「早いな、早いなぁ」「楽しみになってきた」 つぶやいているだけなので、反論できず受け入れてしまいます |
|---|---|
| 一般化 | 「いいですね、この教室は」 誰か特定の人が良いとも言われてないですし、自分が良いとも言われてないので、"よい教室" も "よい教室を作る構成員の自分" も拒否できません。ほめてもらった以上、よいクラスの一員として自分もよい言動をしないといけない気分に人は自然となるものです |
| 過去形 | 「どうしてこういう素敵な教室になったか分かる?」 分かるか考えるために、『なった』という前提を受け入れてしまいます |
| あいまい | 「いいねぇ」「おぉー」「なるほど」「すごいね」 具体的でないから反論できず、各自がほめられたところを自分で好きに当てはめて受け取っていきます |
| 間接 | 「この教室、いいですねぇ、先生ねぇ」 後ろで見ている先生方に語りかけるのを、間接的に聞かせています。自分に言われてはいないので、否定できずに受け入れます |
| 前提 | 「思い出す力」「あなたたちが生き抜く時代」 思い出す前提とは何でしょうか、情報に触れた経験です。このキーワードにより、君たちは既にたくさんのことを知っているんだよ、分かっているんだよ、知識/叡智を取り出す力があるよ、あなたたちには生き抜く力があるんだよ、とさり気なく伝えています |
| 期待 | 本気の姿勢をほめられてからの、「立ち姿も見てみたい」 ほめられたあとに見てみたいって言われたらもちろん、次も期待に応えたい、それもできるよ、と示したくなりますね |

## ●指示

| 前提 | 「拍手の準備はできていますか?」 はい、いいえ、いずれにしろ無意識に心の中で答えるとき、拍手をする前提を自然と受け入れています |
|---|---|
| 予想 | 「先生の予想では拍手がくると思いますね」 拍手しろと命令されていません。思っているのは菊池先生の自由なので、否定しようがないのです。同時に、自分が拍手したり拍手されたりするところを、児童は無意識に想像してイメトレしてしまいます |
| 焦点のずらし | 「速く」 速さに焦点があたるので、書くのが当然の前提となり、書きたくない/分からないなど考える余地がなく、取り組んでしまいます |
| 飽きない | 数分おきに立つ&座る、動き回ることを促すため、集中力が途切れる暇がありません |

| 具体的 | 「よい拍手は、強く細かく元気よく、指の骨が折れるくらいたたくんです」「7秒だけ」 誰でも迷うことなくできるから、安心して次の指示を待つようになります |
|---|---|
| 短文 | 「はい、相談しましょう」 指示の文章が短いので、記憶容量が大きくない児童も困らず実践できます |
| 決定権 | 「いいぞ！という人、はい先生にやる気の姿勢を見せてください」 人は自分に決定権があると安心する上、自分の決定の実行度は他者の決定よりも高いのです |

## 2． 無意識の認知・反応・モチベーションパターンを広く網羅

　人は成長する中で創られる自動反応パターンの他に、無意識の認知・反応・モチベーション傾向があります。これを NLP では"メタプログラム"と言いますが、下記の通り、各児童の主要なメタプログラム傾向を網羅した学習ができるよう工夫がされています。驚きです。

### ＜優位感覚：より開かれている情報の入出力チャネル傾向＞

| 視覚優位の児童<br>▶見て学ぶ傾向が高く、視覚情報からの理解が早い | 友人の姿勢、黒板の絵、文字、図式が表示されているのを、マイペースで見ることができます |
|---|---|
| 聴覚優位の児童<br>▶聞いて学ぶ傾向が高く、聴覚情報からの理解が早い | 菊池先生の具体的な説明と友人たちとの話し合う時間を通じて、より理解を深められます |
| 体感優位の児童<br>▶体感を通じて学ぶ傾向が高く、身体を動かすと理解が早い | 本気の姿勢、本気の拍手、自分の考えを話す、実践を通じて腑に落としています |

### ＜主体性：行動を起こすタイミングの傾向＞

| 主体行動<br>▶考えるより行動が早いので、思いつくなり書き、手を挙げる | 友人と話し合いの時間が作られているので、一旦立ち止まって考える時間がとれ、再考／熟考することができます |
|---|---|
| 反映分析<br>▶周囲の反応を見て分析するので、すぐ書かない／手を挙げないで、よく考えてから | 発表前に話し合いの時間があるので、友人のアイデアを聞いて考えをまとめる時間がとれるため、安心して発言できます |

## ＜納得モード：集めた情報を腑に落としやすい方法の傾向＞

| 回数重視<br>▶何回か経験したら納得する傾向が高い | 何回も同じことを繰り返し伝えられ、何回も実践し、何回もほめられていますので、菊池先生の意図が浸透していきます |
|---|---|
| 期間重視<br>▶一定の期間経験したら納得する傾向が高い | 授業の間ずっと繰り返し伝えられ、ずっと実践し、ずっとほめられていますので、菊池先生の意図が浸透していきます |
| 常に確認<br>▶毎回確認する傾向が高い | 授業が少し進むたびに、伝えられ、実践し、ほめられていますので、菊池先生の意図が浸透していきます |

## ＜連携：能力を発揮しやすい、人との関わりの傾向＞

| 個人型<br>▶一人作業のほうが能力を発揮しやすい | 一人で考える時間をとっているので、能力が引き出される時間があります |
|---|---|
| チーム型<br>▶みんなで一緒に取り組むほうが能力を発揮しやすい | 友達と考える時間をとっているので、能力が引き出される時間があります |

# プラスを見つけて、口にする

ウイリアムグラッサー協会認定プラクティカムスーパーバイザー
日本選択理論心理学会西予支部長　井上千代

## 1．伝える言葉より、伝わる言葉

　授業の序盤では、「昨年度の令和元年優秀作品を今から発表したいと思います、と言ったら？」という菊池先生の茶目っ気たっぷりの投げかけから始まりました。子どもたちが直ぐには反応できずにいたら、「もう一回、巻き戻します」という菊池先生のアイデアとユーモアによって、「わーっ」と盛り上げ、「楽しみ」の欲求が満たされます。

　中盤に入って、令和２年全国川柳コンテスト候補作品を板書する場面では、「えらいね！皆さん、先生のチョークの先を見ているから、集中していろいろな活動がスピード豊かにできるのですね。いい教室ですね！」と学級全体をほめることで、「愛・所属」の欲求と「力（承認）」の欲求も満たされますし、同時に、子どもたちには、集中して学習することの意義が伝わります。それを、さらに短いフレーズにまとめて、「見るは聞く、聞くは集中、集中はスピード」と根拠を伝え、「いい教室ですね」と加えることで、さらに「力(承認)」の欲求も満たされます。どんどん、集中して学ぶ姿勢と意欲が引き出されていきます。

　川柳の優秀作品を紹介する場面では、菊池先生は、単に板書するのではなく、その川柳の一部を空欄にして質問し、子どもたちはどんな語句が当てはまるのかを、「楽しみ」の欲求を満たしながら、自然に川柳に親しんでいく様子が見られました。

　学ぶことは本来、楽しいことで、「楽しみ」の欲求が満たされるというグラッサー博士は述べています。強制を感じるとき、学習は苦しいものに変わるようです。

授業の中で、「令和の時代はあなたたちが主人公となる時代」と何度も呼びかけられました。菊池先生の児童への愛情、将来の幸せを願う気持ちが伝わってきました。「令和は、あなたたちが主人公で、堂々と生きて、生き抜く時代」と繰り返されたこと、それも力強い声や、ささやくような声で、繰り返され、きっと、子どもたちの耳に残り、「愛・所属」や「力 (承認)」の欲求が満たされていきました。

　候補作品の2つめにあげた例では、「国勢調査　同居しています

<br>

」という質問をしました。子どもたちがどんな回答をしようが、菊池先生は批判しないので、子どもたちは恐れず「生存」の欲求が満たされた状態で、集中して学習に取り組むことができています。

　机間巡視では、菊池先生は、ワークシートを眺めながら、「すごい、なるほど、これ、すごいわ」と声をかけ、ほめ言葉のシャワーを子どもたちに注ぎ続けますので、子どもたちは、「力（承認）」の欲求が満たされ続け、意欲が持続します。

　また、子どもたちがスピード感や集中力を身につけるために、「早いな、もう書いている人がいますね」と、対応できている子どもの取り組み姿勢をほめることで、他の子も自ら見習ってスピードを上げて取り組もうとするでしょう。教師の指示通りできていない子どもを叱るのではなく、頑張って取り組んでいる子どもを認めることや、子どもの短所ではなく、美点を認めることで、「力 (承認)」の欲求が満たされますし、満たされると短所は魅力に変わることも多いようです。

　同じ場面で、「集中しなさい！」、「よそ見をしてはいけません」、「早く書きなさい」という言い方もあります。教師が伝えたい中身は同じでも、そのような言い方では子どもたちの5つの欲求が満たされにくくなります。欲求を阻害する教師を、子どもは自分の上質世界 (願望) から追い出そうとすることがあります。上質世界に入っていない教師の言っていることを子どもは聞こうとしません。大人も同じかもしれません。

　人には「自由」の欲求があるので、自ら気づいて変わりたいのです。指示命令されるのが好きな子どもはいません。菊池先生の肯定的な伝え

方によって、子どもたちは自ら集中力を高めていきました。

　聞く姿勢を育てるためにも、ほめ言葉のシャワーを用いています。例をあげれば、川柳の空欄を埋める言葉を、「ロボット」と正解を答えた子ども、その発表を覚えていた子どもの両方に対して、「二人に拍手」と菊池先生が呼びかけられました。このように承認されると、「傾聴には価値がある」ということが伝わります。同時に一人でも多くの子どもを1回でも多く承認したいという菊池先生の姿勢も伝わってきました。

　候補作品の3つめにあげた例では、「　　　　　　　　　　」は、部下上司か、同僚か」という、クイズ感覚で出題して、「ヒントほしい人はやる気の姿勢を見せましょう」と投げかけ、「君たち、反応がいいね！」と続け、「力（承認）」の欲求が満たされました。できることをさせ、できたことを心から承認することが繰り返されました。子どもたちは、菊池先生を「力（承認）」の欲求を満たしてくれる人として、自らの上質世界に入れていきました。

　また、話し合いの前には必ず、「マスクの下は笑顔」という言葉かけをされ、「愛・所属」の欲求が満たしやすい表情になっていたと思います。

　話し合いを終える時も、「はい、やめましょう。君たち、いいわ！」と楽しい気分で切り替えができるようにほめ言葉のシャワーを注ぎます。

　3つめの川柳の答えの発表の場面では、「ＰＴＡとは、拍手を送るしかない。深いな！」、「ＡＩね。なるほどね」とどんな答えをした子どもにも温かく視線を注ぎ、子どもたちの「力（承認）」の欲求が満たされます。

　ユニークな意見を発表した子どもに対して、「ずっと最初から思っていたのだが、君の発想いいね。君らしさだよね・・・素晴らしいことだ

と思いますよ。自分らしさも発揮できる彼も素晴らしいし、それを発揮してもいいという安心感をみんなでつくりだしているみんなもえらいんですよね」という菊池先生の言葉に対して、児童の方から自然に拍手が起こりました。この瞬間、教師と生徒が一体感を感じました。

　そして、学級担任の日々の取り組みを承認する配慮も感じられました。具体的には、4つの候補作品から、子どもが好きな川柳を選び全員が手を挙げて、合計が学級の人数とピッタリ合ったことで、「どうしてこんないい教室になったか分かる？」、「なぜこんな素敵な6年1組になったか、言っていいですか？立ちましょう。担任の先生の方に向きましょう。これは、どう考えても担任の先生のおかげです。感謝の気持ちを拍手で送りましょう」と語られました。学級担任も子どもたちも「愛・所属」や「力（承認）」の欲求が満たされます。

　担任教師の立場からすれば、「菊池先生の授業は素晴らしいけど、自分には難しい」と思う場合もあります。しかし、このように承認されると、「自分なりに、継続してやってみよう」と思う可能性が高まり、今後もこの授業の影響力は続きます。批判では人は育たず、承認によって人は育ちます。子どもも大人も同じだと思います。

**4 分析④　チームビルディング（統合組織開発）の視点から**

# 自信がつく授業構図をつくり、状態を利用して個人の実力を伸ばす

株式会社カイシン　組織開発コンサルタント　牧野　真雄

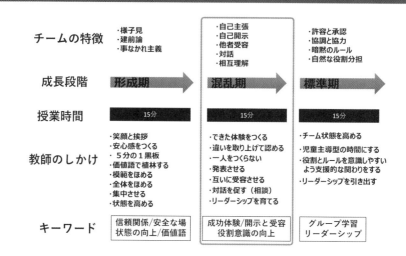

| | 形成期 | 混乱期 | 標準期 |
|---|---|---|---|
| **チームの特徴** | ・様子見<br>・建前論<br>・事なかれ主義 | ・自己主張<br>・自己開示<br>・他者受容<br>・対話<br>・相互理解 | ・許容と承認<br>・協調と協力<br>・暗黙のルール<br>・自然な役割分担 |
| **成長段階** | 形成期 → | 混乱期 → | 標準期 → |
| **授業時間** | 15分 | 15分 | 15分 |
| **教師のしかけ** | ・笑顔と挨拶<br>・安心感をつくる<br>・5分の1黒板<br>・価値語で植林する<br>・模範をほめる<br>・全体をほめる<br>・集中させる<br>・状態を高める | ・できた体験をつくる<br>・違いを取り上げて認める<br>・一人をつくらない<br>・発表させる<br>・互いに受容させる<br>・対話を促す（相談）<br>・リーダーシップを育てる | ・チーム状態を高める<br>・児童主導型の時間にする<br>・役割とルールを意識しやすいよう支援的な関わりをする<br>・リーダーシップを引き出す |
| **キーワード** | 信頼関係/安全な場<br>状態の向上/価値語 | 成功体験/開示と受容<br>役割意識の向上 | グループ学習<br>リーダーシップ |

　中盤の15分は、冒頭でつくられた空気感をキープしながら学級経営をすることで、授業が最も進展する時間です。個々人に学習内容に向き合わせることと同時に、終盤に向けての布石づくりのために全体にアプローチをしています。キーワードは、「負荷をかけて個々人の成功体験をつくりだしていること」「開示と受容により個々人の違いを出せるようにしていること」「役割意識からリーダーシップを育てていること」です。

■負荷をかけて個々人の成功体験をつくりだすと同時に、開示と受容により違いを出せるようにしていること

　第3章で述べたように、すでに教室には規律と安心ができていますの

で、教師の指示に子どもたちは比較的スムーズに従う空気になっています。

　個人はチームに引っ張られるので、その集団力学がはたらき、個々人の行動もそちらに向かいます。しかし、この時点ではまだ引っ張られていて仕方なく行動する子どももいます。この時間では、序盤でつくられた空気を利用して今度は個人にアプローチを強めています。

　第2章で紹介した「菊池実践における可能性と行動のループ」を思い出してください。チーム状態に引っ張られて行動を起こすというのは、本人は可能性を感じているわけではないけれども同調圧力によって行動を起こすことになります。行動を起こしたらどのような結果になり、その結果をどう価値付けするかによって可能性を感じるかどうかに影響を与えます。ここでマイナスループがはたらくと、周囲に合わせて行動はしたもののよい結果がでなくて、「やっぱりやるんじゃなかった」という価値付けになると可能性を小さくしてしまい行動を取らなくなってしまいます。菊池先生は、2通りの方法で、それをプラスのループに強化する指導をしています。

1つめは、誰でもできる簡易な問いや指示を与えて"できた体験(成功体験)"をさせること。もう1つは、納得解の指導や誤答活用をしながら、互いに違いを認めさせることで、考えること解答すること自体が評価されるという授業観に変えていること。これによって教師の発問に対して絶対解を解答することが唯一の成功体験ではなく、自分自身が考えたことを答えること・話し合うこと・発表することが成功体験になるような授業構図をつくっています。

　この2つめのゲームチェンジを行うまでは、負荷をかけて強引に行動を取らせる必要があります。集団の力や空気のはたらき以外にも、列指名や個人指名で取り上げることも行っています。

　人は、負荷が高まると物事により向き合うようになりますから、この負荷をかけるということも大切です。トレーニングもマネジメントもストレス負荷のバランスが重要です。菊池先生はこの負荷バランスがとても上手です。人は追い込まれたときに行動を起こすものですが、向き合うのが苦手な子どもはストレス負荷からの逃げパターンをもっています。発表指名をされたときに、沈黙のままで過ごそうとしたり、首を傾げてやりすごしたり、前の人と同じ答えを言ったりというのは典型的なパターンかと思います。このようなパターンが起きないように、菊池先生は事前指導を行い、価値語の植林をしています。
「みんな違ってみんないい」
「同じですと答える人が多い中で違う答えを言えるのは素晴らしい」
「同じ答えを言ってはいけないと法律で決められています」など。

　さらに、負荷をかけたとき、それでもどうしても答えられない子どもがいたときに、ほかの子どもが助け舟を出してその場が失敗体験にならないようにもっていくというリカバリーも用意しています。

　お伝えしたように菊池先生は、子どもたちにストレス負荷をかけることで自己主張をするように場をつくります。特にこれを教室全体の場で行います。教室全体の中で発表させて負荷を与えることで、違いを表出させてそれを教師自身が受容する姿を見せています。次に先生がしかけ

るのが、子ども同士で自身の考えを伝え合いそれを受容し合うことを体験させることです。菊池実践のほぼ全ての手法は、教師が見本や模範を見せた上で子どもにやらせます。だから子どもはスムーズに受け入れて実践しやすくなります。

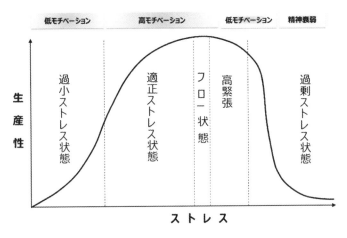

▲ストレスとパフォーマンスの曲線

　参考までにストレスとパフォーマンスの曲線をご紹介します。これは労働生産でよく使われる図ですが、人はストレス負荷がかかると行動をします。行動をしないというのはストレスが過剰になりすぎたか、ストレスが足りていない状態をさします。快と不快の原則を思い出してください。ストレスという言葉は一般的にはマイナスイメージで使われますが、実は快を得たいという欲求そのものもストレスです。これは一般的にユーストレスと言われ、ポジティブな要因によるストレスとされます。一方で不快を回避したいという欲求はディストレスと言われネガティブな要因によるストレスとされます。

　コミュニケーション力や人間力の向上には、このストレスコントロール力が不可欠です。自分自身でユーストレスとディストレスを把握して対処することで、ストレスマネジメント力がつきます。菊池実践ではこ

のストレス負荷のコントロールを多岐にわたるところでバランスよく行っているため、子どもたちも自然とストレスをコントロールする力がついていっているのではないかと考察しています。

### ■役割意識からリーダーシップを育てていること

　個々人の成功体験を積ませることと同時にしているのが、リーダーシップを育てていることです。菊池実践でもよく使われる組織の２：６：２の法則というものがあります。状態のよい２割のメンバーが組織に対しての８割の影響を与えるというものです。学級経営がうまく行かない教師は、状態が下がっている２割にアプローチをしてしまうためにクラス全体が沈んでしまいますが、組織づくりの鉄則は空気を率先してつくる２割をいかにもち上げて、６割に影響を与えるかがポイントになります。

　しかし、チームビルディングの考え方だと形成期は皆様子を見るために、目立ってリーダーシップを発揮する者はすぐには育ちづらいものです。それでは最終的にチームで話し合いをするとき、子ども同士で主体的で対話的な深い学びにいたりません。もちろん、チームの最終理想は特定のリーダーではなく全員がリーダーシップを発揮し合いながら対話と議論をすることにあります。ただし、そこまでにはプロセスが必要です。チームビルディングの第２段階に当たる混乱期は、自己主張が起きて開示と受容によりそれを乗り越えることにあります。先述した通りに開示と受容が起こる仕組みはお伝えしましたので、ここでは個々人の中での意識の変容について考えたいと思います。

　キャリアデザインやモチベーション理論でよく使われる３つの輪というものがあります。人の「やりたいこと」「すべきこと」「できること」の３つの輪が重なっている領域が最も効果が出る行動だと言われています。
「やりたいこと」とは、自分自身が興味あること、好きなこと、楽しいと思えること、気分がよくなることをさします。

「すべきことは」とは、周囲から求められていること、今この状況でしなくてはいけないこと、何かしらの目的のために必要なことをさします。「やれること」とは、自分自身が能力的に遂行できること、期待に応えられること、成果を出せることをさします。

　この３つの輪でリーダーシップを捉えると、誰かが困っていたら助けたくなるというお世話好きなのか（やりたいこと）、または、誰かが困っているのだから助けてあげないといけないと感じるか（すべきこと）が行動の出発点になります。もちろん、中にはやりたい気持ちから動く子どももいるでしょうが、菊池実践では「すべきこと」としてリーダーシップが発揮するような価値語の植林や５分の１黒板を活用しています。「一人をつくらない」「一人が美しい」「学び合い」「助け合い」「教え合い」です。

　これらの言葉の植林と、挙手発表、拍手、立ち歩き相談などの行動体験を教室中にたくさんあふれさせることで、リーダーシップを発揮する子どもが徐々に増えていきます。こうなってくると、菊池先生は列指名をせずに自由起立で子どもにどんどん発表をさせていきます。こうしてスポットライトが当たり成功体験を強めることで、子どもたちはさらにリーダーシップが強化されていきます。

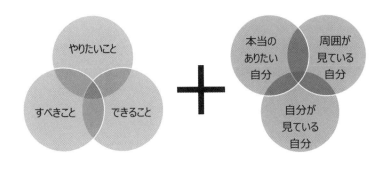

▲やる気を最大化する６つの輪

さきほどの３つの輪に加えて大事な３つの輪があります。

　それが「周囲が見ている自分」「自分が見ている自分」「本当にありたい自分」です。

「周囲が見ている自分」は、周りのクラスメンバーや教師や親からどう見られているかという自己イメージです。

「自分が見ている自分」は、自分自身が自分のことをどのような性格や能力だと思っているかという自己イメージです。

「本当にありたい自分」は、意識的にも無意識的にも本当はこのようになりたいと思っている自己イメージです。

　この３つの輪はさきほどの行動ベースではなく、認識ベースの輪です。可能性と行動のループでいう 価値付け と 可能性 の部分でもあります。この認識の３つ輪がそろわないと人はなかなか行動を起こせません。２：６：２の、状態のよい２割の子どもはこの認識の輪の状態がよいのです。だから、自分自身で行動抑制をせずに、スムーズにリーダーシップを発揮できます。一方で、状態の悪い２割の子どももこの認識の輪が足かせになってなかなか行動が起こせないでいます。

「自分自身はリーダーシップを発揮するような人間じゃない」「人前で発表するのは苦手」「自分は発言しないと思われている」「すすんで授業に参加するような人だと思われてない」

　そのようなイメージから行動は抑制されます。認識の輪の状態が悪い子どもたちは、学級全体をもちあげてくれる２：６を先に巻き込んだ授業づくりをして、教師と子ども同士で言葉の植林をすることでそこから抜け出すことができるのです。

第 **5** 章

# 子どもが中心となり、
# 教師は支援役になる！

## ① はじめに

# 主体的で対話的な深い学びを実現する 15 分

株式会社カイシン　組織開発コンサルタント　牧野　真雄

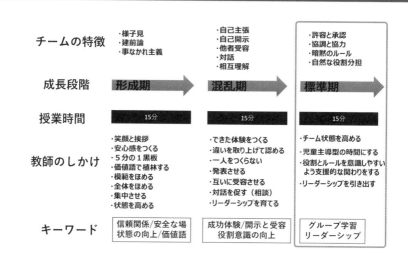

| チームの特徴 | ・様子見<br>・建前論<br>・事なかれ主義 | ・自己主張<br>・自己開示<br>・他者受容<br>・対話<br>・相互理解 | ・許容と承認<br>・協調と協力<br>・暗黙のルール<br>・自然な役割分担 |
|---|---|---|---|
| 成長段階 | 形成期 ➡ | 混乱期 ➡ | 標準期 ➡ |
| 授業時間 | 15分 | 15分 | 15分 |
| 教師のしかけ | ・笑顔と挨拶<br>・安心感をつくる<br>・5分の1黒板<br>・価値語で植林する<br>・模範をほめる<br>・全体をほめる<br>・集中させる<br>・状態を高める | ・できた体験をつくる<br>・違いを取り上げて認める<br>・一人をつくらない<br>・発表させる<br>・互いに受容させる<br>・対話を促す（相談）<br>・リーダーシップを育てる | ・チーム状態を高める<br>・児童主導型の時間にする<br>・役割とルールを意識しやすいよう支援的な関わりをする<br>・リーダーシップを引き出す |
| キーワード | 信頼関係/安全な場<br>状態の向上/価値語 | 成功体験/開示と受容<br>役割意識の向上 | グループ学習<br>リーダーシップ |

　最後の 15 分は、多くの場合に、子どもが中心となり主体的で対話的な深い学びができるようなグループ学習の形式をとります。この時間では教師の指示や指導はほとんどなされません。それまでの 30 分でつくり上げた学級のチーム状態とリーダーの役割を担う子どもたちの存在ができあがっているからできる行為です。この教師の関わり方がとても重要で、いつまでも教師主導の学習をしていると、子どもたちは自らが主体的に学び合う状況をつくりづらいのです。この時、教師は指示指導をするティーチャーから、生徒たちの主体的な学びを促進するファシリテーターへと立ち位置を変える必要があるのです。

　ファシリテーターとして教師がするべきことは、グループ学習をしている子どもたちのリーダーシップやフォロワーシップが発揮しやすいよ

うに、また、グループ学習が一定の成果や成功体験につながるように支援をすることです。

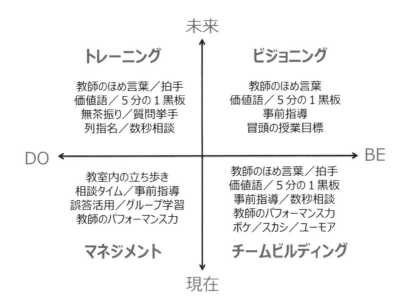

未来

| トレーニング | ビジョニング |
|---|---|
| 教師のほめ言葉／拍手<br>価値語／5分の1黒板<br>無茶振り／質問挙手<br>列指名／数秒相談 | 教師のほめ言葉<br>価値語／5分の1黒板<br>事前指導<br>冒頭の授業目標 |

DO ←―――――――――→ BE

| | |
|---|---|
| 教室内の立ち歩き<br>相談タイム／事前指導<br>誤答活用／グループ学習<br>教師のパフォーマンス力 | 教師のほめ言葉／拍手<br>価値語／5分の1黒板<br>事前指導／数秒相談<br>教師のパフォーマンス力<br>ボケ／スカシ／ユーモア |
| マネジメント | チームビルディング |

現在

　最後の15分にグループ学習をする際の教師の役割は内容によって変化します。

　全体を通してビジョニングの役割を担い、どのような教室であるのか、どのような話し合いをするべきなのか、どのような態度で参加するべきなのか、などは常に伝え続けます。

　グループ学習の説明や指示をする時はマネジメントの役割、グループ学習の最中はチームビルディングの役割、グループ学習の内容や解答を発表する時はトレーニングの役割がそれぞれ強くなります。

　そして最後の締めくくりの時間はチームビルディングを行いながらビジョニングの役割として、この学級がよりよい方向に前進したことを伝えて授業を終えます。

## ❷ 授業記録【終わりの３分の１】

授業動画は、こちらからご覧いただけます。　YouTube QR コード 》

https://youtu.be/nXFgzWHtUE4

6 年 1 組授業記録

| 時間 | 菊池（太字：言語　細字：非言語） | 子どもたち（太字：言語　細字：非言語） |
|---|---|---|
| | 「清水小 6 年」まで板書して振り向く。<br>「いえーい」と言う準備はもうできていますか？<br>「清水小 6 年 1 組令和川柳コンテストを始めます」<br><br>相当巻いていきますからね。<br>これらが川柳なんですね。ね、いい。じゃあ、この令和に生きるね、令和川柳、令和という言葉が入っていなくてもかまいません。いい、自分だったら、ね、令和を表す令和川柳、今の時点では、どんな川柳を考えますか。ね、これも一人ひとり違っていいんですよね。そうですよね。<br>はい、じゃあ、まず自分で書いて、あとで班で代表作、あるいは代表作を選ぶ、つくる、そして前に書いてもらおうと思います。<br>まず一人で考えましょう。はい、じゃあ鉛筆持って、はいどうぞ。 | いえーい！！<br>拍手<br><br>うなずく。<br><br><br><br><br><br><br><br><br><br><br><br><br>児童は黙々と鉛筆を動かしている。 |
| 1：01 | 巡回しながら<br>もうできたのかな。おお～～。<br><br>ちょっと急いでいい、ちょっと急いでいい。<br><br>おお～いいねえ。さえてきたねえ。<br><br>おお、なるほど～<br><br>これで令和も安心だ。君たちのおかげでね。<br>おお～なるほど、これは、いいな～。 | |
| 2：17 | はい、ちょっとごめんなさいね。鉛筆置いてね。これから班になってするんだけど、話し合いするんだよね。<br>黒板の笑顔マークをさして<br>これだよね。<br>「えがお」と板書して、振り返る。めくばせして、<br><br>笑顔の人はだいたいね、うなずく。うなずきが多いんですよ。<br>「えがお→うなずく」と板書。<br>怖い顔をしてうなずく人はあまりいません。うなずいていたら、絶対に、<br>「えがお→うなずく→あいづち」 | |

| | | |
|---|---|---|
| | これが流れなの。うんうん、あ、なるほどね〜と。<br>うなずいて、あいづちを打って見せる。<br>あ〜あ〜うん、ああそう、そういうことか〜とかね。<br>そして、こう笑顔ですから、プラスの感想が出て、ある<br>いは笑顔だから、感想が出て、もっと知りたい、質問が<br>出てきて<br>「えがお→うなずく→あいづち→感想→質問→対話」と<br>板書<br>そして、対話、話し合いがアップしていく、このサーク<br>ルじゃないかな〜と思うんですよ。ね、ね、笑顔で、班<br>で聞き合って、ね、質問し合って、やってもらいたいな<br>と思うんです。ね、いい。 | 一人の児童が拍手の動作を<br>する。 |
| 3：34 | そんなの、すぐに、私たちはできるよね。6年1組は。<br>そうよね。<br>前の子どもに手を差し出す。<br>握手。先生はそう思う。信じてます。<br>はい、じゃあ班を作って。<br>いいね〜。班を作るんだけど、ね、日本の小学生は、班<br>を作るときは10秒以内でしないといけないという法律<br>があると書かれているの知ってますか?<br>はい、じゃあ10秒以内で、はいどうぞ。 | 知ってます、知ってます。<br>班の形に机を移動<br>班で活動。 |
| | はい、じゃあね、あの、代表作を選ぶ、あるいは作って、<br>できたところは、あまり時間がないので、ここに代表作<br>を書いてください。はい、めちゃ急いでください。どうぞ。<br><br>うなずくんだぞ。あいづち。<br>巡視して聞きながら<br>おお〜いいね〜、なるほど〜。 | |
| 4：55 | はい、代表者は、代表作品が決まったところから前に書<br>いてください。<br>どうしても困ったときは、せえの〜ドンで指さして、さ<br>された数が多い人が代表でいいんだよ。<br><br>はい、1班ここ。<br><br>はい、どんどん書いてください。<br><br>いいですね〜。ね、どんな時代になるんでしょう。お〜<br>いいね、いいね、いいね。 | 代表者が板書する |
| 6：31 | じゃあ今から発表していただきたいと思います。はきは<br>きと美しい日本語で!はい、1班。<br>どうして、どうして。<br>うなずきながら聞く。<br><br><br>えらいね、理由書いてないけど自分のことを自分の言葉<br>でしゃべっている。<br>安心感のところでアクション | 「安心感　いつでも会える<br>リモート時代」<br>コロナとかで、いつも会え<br>てた人と直接会えないこと<br>で自粛したりしてたけれ<br>ど、今はリモートとかが発<br>達して、いつでも会えるよ<br>うになったので安心できる |

| | | |
|---|---|---|
| | はい、2班 | 「令和の力　笑顔と努力で百倍だ」<br>込めた思いは、令和をつくる力を、笑顔を百パーセント出して、努力も百パーセント出して、笑顔と努力を合わせて令和の力を百パーセント出していきたい |
| | 令和の力ね。百倍。「はんざわなおき」みたいだね。<br>「百倍」のアクション<br>拍手。<br>はい、3班 | 「コロナウィルス　マスクと手洗い毎日一緒」<br>コロナウイルスで毎日マスクと手洗いをしようという感じ |
| | それがこれからの日常になっていくと思うんだね<br>「これからの日常」のアクション<br>はい、4班 | 「お出かけに　ハンカチティッシュと　布マスク」<br>込めた思いは、お出かけにハンカチティッシュは必要だったけど、不織布マスクや布マスクもついてくるからです。 |
| 8：15 | うなずきながら聞く。<br>なるほど、セットなんだと。なるほどね。<br>はい、5班 | 「コロナさん　君が活動じしゅくして」<br>コロナが自粛してくれれば、自分たちは自粛しなくてよくなるので、コロナが自粛してくれればいいなと思いました。 |
| | 逆の発想ね、すばらしいじゃないですか。<br>「逆」のアクション<br>はい、お待たせしました。君がほんと令和の子だという感じでしょうか | 「令和の子考えることをやめない子」<br>込めた思いは、AI をつくるのも考えたらできるから考えることが大事だと思ったからです。 |
| | はい、では 5 秒ほどで机をもとに戻しましょう。 | |
| | | 机を戻す。<br>無言でさっと戻している。<br>やる気の姿勢で板書に注目している。 |
| 9：30 | 無言で「ことばを大切にし合える学級」と板書<br>ですね。みなさんは。はいそれがよく分かりました。<br>もしまたするんだったら、自分の班以外に 1 票を入れるということで、コンテストしてもいいのかもしれません。 | |
| | どれもすばらしい入選作品じゃないかなと思いました。 | |

| | |
|---|---|
| たくましく、これからも友達と一緒に頑張って、すばらしい中学校生活を迎えて、ぐんぐんと成長していってください。<br>とても楽しかったです。ありがとうございました。<br>じゃあ終わりましょう。はい、気をつけ。<br>たぶん後ろにおられる、見てこれ、<br>一人の児童が書いた紙を見せながら<br>「人生一度、教師集合　もう戻せない」<br>集合された大人から、先生が「礼」と言ったら、指の骨が折れるくらい「さすが清水小学校６年１組すごいな」というね、拍手が降り注ぐと思いますか。 | うなずく |
| はい、礼。ありがとうございました。頑張ってください。 | 笑顔で大きな拍手 |

**3 授業を参観しての感想①**

# アナウンサーの経験を活かして若年者のコミュニケーション力向上をサポートする立場から

愛媛県松山市　フリーアナウンサー・大学等講師　**宇都宮民**

## 1.　はじめに

　愛媛県内の民間放送局でインタビュアー、ニュースキャスターを務めた経験から、学生や若年求職者に対しマナーや話し方、コミュニケーション力向上のための授業を担当して就職活動をサポートしています。

　企業が学生に求める能力のアンケートで上位に挙げられるのがコミュニケーション能力です。お客様や取引先への対応はもちろん、仕事はチームで行うものであることから、適切で好感度の高いコミュニケーションが取れる人を企業は求めているのです。

　アナウンサーは一般的に「話し上手」と思われていますが、実は「聞き上手」な人が多いようです。表情やうなずき、あいづちで反応して相手の本音を引き出そうと努めます。私は子どもの頃から人の話を聞くことが好きだったのですが、先日、叔母から「民さんは小さい頃、『昔の話を聞くのが好きなんよ。おばちゃん、もっと話して』と言われたことがある」と聞き、ここにルーツがあったのかと笑ってしまいました。

　コミュニケーション力は、幼少期に家族などの身近な人との関わりを通じて自然に身についた会話の呼吸に加え、学校やスポーツ団体等の集団活動で学び真似し実践しながら構築されていくようです。

　就職活動を始める段階になって、他人と話をすることに苦手意識があるために立ち止まったり、コミュニケーション力が乏しいことで苦労したりする学生や若年者が少なくありません。菊池先生が子どもたちに伝えている笑顔と反応のコミュニケーション術は、就活生や求職者にこそ必須だと感じています。

## 2.【笑顔→うなずく→あいづち→質問・感想→対話 up】のサイクル

第3章は、自分たち
の令和川柳を考え、班ご
とにつくりあげて発表す
る、まとめの時間です。

一人ずつ思考する「静」
の作業から、班で話し合
う「動」の作業に移る前に、

菊池先生から子どもたちに話し合いのコツが伝えられるのですが、［笑顔
→うなずく→あいづち→質問・感想→対話 up］のサイクルは、コミュニケー
ションのコツが分かりやすくまとめられています。私自身も、担当する授
業やセミナーで、笑顔の大切さや、うなずき・あいづち等の反応力を身
につけること、質問や感想を返すことで思考が深まったり関係が構築さ
れたりすることを伝えていますが、菊池先生が示した、このサイクルで一
目瞭然であり、ワーク（話し合い）の効果を高めることが分かりました。

菊池先生ご自身が、笑顔と明るいトーンの声で「お〜！」「いいね」「な
るほど」などと一人ひとりにプラスの声かけをしているので子どもたち
もよいイメージで実践できています。

続いて、班を作る動きの前に「班を作るときは、日本の小学生は 10
秒以内と法律に書かれている」とユーモアを交えて迅速な行動を促し、
子どもたちがさっと班を作るところも素晴らしいと感じました。その後
の話し合い、完成した川柳の板書でも、菊池先生の一言のはたらきかけ
に教室全体が反応し、子どもたちはどんどん動いていきます。

大学生や若年求職者を対象に班活動をしようとすると、講師が班の構
成から机の並べ方まで細かく指示しても動きが緩慢で、その都度行動を
促す必要があります。話し合いでも、誰かが話し始めるのを無言で待つ
など、自分からはたらきかけることができない受け身の若者が多いこと
が気になっています。

## 3. 会話に参加できない、反応できない若年者

　オンライン授業で他者とのコミュニケーションを体験してもらうため、ブレイクアウトセッション（少人数グループでの数分間のワーク）を取り入れた際、ふり返りに、「呼びかけても返事をしてくれる人がいなかった」あるいは、「全員一言も話さずにセッションが終わった」という声があって愕然としました。ある男子学生の感想には「女子ばかりなので、グループ構成を考えてほしい」とのコメントもあり、考えが幼くコミュニケーションに対する意識が低いことが表れていました。

　授業のほかの部分ですが、菊池先生は立ち動く話し合いの際、男子ばかり女子ばかりが集まりがちになると、男女の区別なく話し合うよう導く言葉をかけられます。多様な考え方、生き方を認め合うことが必要とされる社会の担い手となる子どもたちに、多様性を認める始まりとして、男女がお互いを尊重し認め合う経験は必要だと考えます。

　公開授業後の勉強会で「小学校の班活動等で身につけたはずの話し合

い聞き合うコツやその喜びを知る体験が、思春期（中学・高校期）にすっぽりと抜け落ちてしまう」と指摘されていましたが、若年者のコミュニケーション力低下の原因の一つとして腑に落ちました。

　公開授業の黒板の左側に書かれ、メッセージとして最後まで掲げられていたのは、ニコニコマーク（マスクの下は笑顔）、そして「ひとりひとりちがっていい」「思い出す力」「スピード」「自分のことを自分のことばで」です。これらは、生涯にわたって必要なコミュニケーションのコツだと気づかされました。これができていないためにコミュニケーシに苦手意識をもち就職に苦労する若年者が少なくないのです。

　一方で、コミュニケーション力が高く、ほかの人の模範となる学生もいて、頼もしさを感じることもあります。接客等のアルバイト経験やインターンシップ・就職活動は学生を成長させ、表情や態度、声のトーン、肯定的な言葉を意識するようになって、就活を機に自分自身を変えようとする学生も増えてきます。

　できるだけ小学生のうちにコミュニケーションにおけるよい習慣（笑顔、うなずき・あいづち、質問・感想等による対話）を身につけ、それを小学校で終わらせず、中学校・高校で、そして大学でも、心の成長に見合った経験へとつなげることが重要だと考えます。

## 4.　小学校1時間の授業の中で学ぶべきこと

　就職活動を支援する立場から見て、小学校1時間の授業の中で学ぶべきことは下記の2点です。

・【笑顔→うなずく→あいづち→質問・感想→対話 up】のサイクル
・自分から動く、自分から他者と関わろうとする

　採用担当者が求職者を評価する項目に外面適正（表情、態度、反応等）があります。内面を磨いて仕事に必要な知識や技能を身につけることはもちろん大切ですが、面接で相手とコミュニケーションを取りながら自分を表現しなければ、内面の魅力は伝わりません。就活で手遅れにならないように、気づいた時点から自分を変えて実践してほしいものです。

## ❸ 授業を参観しての感想 ②

# 5人の子どもを育てる親と地方議員の立場から

愛媛県松山市　市議会議員　山本　智紀

　私は 1984 年松山市生まれ。4 人の娘、1 人の息子である 5 人の子どもを育てる父親です。松山市議会議員として松山市政の発展に向けて、日々様々な思いを巡らせています。私が生まれるちょうど 20 年前の 1964 年に戦後初の東京オリンピックが開催されました。日本国民の全てが太平洋戦争の敗戦によって大地に叩きつけられた経験をし、同時に民主主義国家の一員として生まれ変わり、高度経済成長期の玄関口に立っていた時代。再び世界の表舞台への仲間入りを果たす、その象徴的な証となった 1964 年の東京オリンピックは、まさに日本が一丸となって進んでいた時代です。その 10 年後の 1974 年、アメリカ合衆国カリフォルニア州サンディエゴ市ミッションベイにて、世界初のトライアスロン大会が開催されました。さらにそこから 10 年後の 1984 年、四国初となるトライアスロン大会の企画が私の故郷にやってきました。実父が大会創成期に関わっていたこともあり、物心ついた時からトライアスロン競技が地域環境にあり、真夏の過酷な競技に挑む大人たちはヒーローであり自慢であり誇りでした。今では大会を支える審判員と実行委員のメンバーとして活動に関わりながら、「先人のおかげで私たちが誇れる」という感謝を抱いています。

　私は地方議員としてその誇りを守りたいのです。そして私は今回、社会人、ＰＴＡの一員、5 人の子をもつ父親、そして地方議員など様々なシチュエーションがありますが、感じることの一端を述べさせていただきます。

　社会人となり自動車を運転するようになって、誰かに道を譲ってもら

うなど、運転上で何らかの親切を受けた時、自分もほかの誰かに親切にしようという気持ちになります。しかし、この10年余りで日本の自動車運転マナーに関する事件は本当に多くなり、挙句には刑罰が定められた法律までつくらざるを得ない国になりました。無法者がいるから法律が生まれるのです。「心に余裕」があれば、道を譲ることもできますし、ほかの誰かに親切にすることだってできます。言い換えれば、人のことを思いやるには、より人のことを見ることのできる「心の余裕が必要」であるということです。

　小学校に娘が通うようになったある日、躾（しつけ）という言葉を辞書で調べてみると、「身についた礼儀作法。みだしなみ。また礼儀作法を教え込むこと」という意味があることが分かりました。一般的に「躾（しつけ）」という言葉は、小さな子どもに一人前の大人として社会で生きるための作法や考えを教え込むようなイメージを連想させます。あいさつをすること、感謝の気持ちをもつこと、物は大切にすること。一般企業に勤めると5Sなる「整理・整頓・清掃・清潔・躾」など、ここにも身が美しいと書く「躾」が登場しますが、学校でも会社でも家庭でも、その大前提となる何よりも欠かせないものが「存在意義＝自己肯定感」であると私は考えます。学校での役割、会社での役割、家庭での役割、他者の評価によって存在意義が生まれ、もっと努力しよう、もっと頑張ろうと前向きに自発的に思えてくる。今の時代に必要なことであると感じます。

　政治家を志すようになったある日、ある2人の政治家の心揺さぶる2つの言葉に出合いました。まずは【今の国の仕組み公務員制度、全ての基本部分は明治時代のものをそのまま引きずっている。国の力は人の力、人の力は教育の力です】。この言葉ののち、この地域の高等学校は無償化へと舵を切り、その地域に存在していた2つの大学を統合させて経営改善を促し、さらにその地域に3年以上住み暮らす子どもたちには、あ

る一定の記憶力と根気さえあれば、大学まで無償で通える仕組みを構築しました。

　そしてもう一つの言葉は今から約60年前になります。

【教育公務員は一般公務員に比べて待遇をよくすべきだと思っている。子どもというのは、本質的には小さな猛獣だ。先生たちは子どもを、親の手の届かない学校で、親に代わって仕込んでくれるのだから、待遇をよくして当然だ】。この言葉ののち当時小学校教員の初任給が2万円から3万円程度であったのが、次年には5万円アップして、たった数年のうちに20代で10万〜20万円近くまで上昇しました。いつの時代も教育への関心と情熱は重要度の高いものであると思います。


　松山市には、風光明媚な瀬戸内の景色をはじめ、日本最古の温泉である道後温泉や甲子園で名を馳せた数々の野球強豪校に俳句・文学・四国八十八カ所巡りのお寺などの文化的な宝が多くあります。

　時あたかも20世紀から21世紀に世界が変わる頃、日本全国の書店では「あなたが21世紀に残したい本は何ですか?」という大規模アンケート調査が実施されました。そこで、ダントツのトップに輝いたのが、司馬遼太郎の小説『坂の上の雲』でした。松山市は1999年からこの小説を活かしたまちづくりを実施し、見事なまでの観光産業基盤を築いたのです。時を同じくして、小説「坂の上の雲」にも登場する夏目漱石も再注目されました。名著『坊つちやん』の中で日本初の軽便鉄道時代の伊予鉄道の「マッチ箱のような汽車」は、四国・松山の中学校に赴任する主人公の坊っちゃんがこれに乗ったことから、「坊っちゃん列車」と呼ばれるようになりました。2001年(平成13年)より同名のディーゼル機関車両が松山市内の路面電車で運行されるようになり、その当時の松山市長が『"日本で一番"遅い路面電車にしよう!』と発案し、そのオープニングセレモニーでは最初に乗車するお客様は『"日本で一番"速い人に乗ってもらおう!』というアイデアにより、記念すべき最初の乗客が"日本で一番"速い人となりました。

奇しくもその“日本で一番”速い人は、まさに菊池先生の『ほめる』の神髄によって“日本一”に輝いた人でもあるのです。

　その方が目標達成に向けて積み重ねる努力の過程で、その方の指導者は常にそばに寄り添って、『ほめる指導』をし続けました。

　2000年9月24日に開催されたシドニーオリンピック女子マラソン。18km付近で先頭集団を抜け出したその方は、一気に集団がばらけると、34km過ぎでかけていたサングラスを沿道の父親に投げ飛ばしたと同時に、ラストスパートをかけて後続を突き放し、そのまま独走して日本陸上界悲願の優勝ゴールテープを切りました。ゴール後には笑顔で「本当に楽しい42.195キロでした」と、世界のマラソンファンに強い印象を与え、五輪での金メダル獲得は、日本陸上界64年ぶり（戦後初）、日本女子陸上界史上初、ゴールタイムは五輪最高記録（当時）を16年ぶりに更新し、その年の秋には国民栄誉賞を授与されました。

　松山市の観光産業復活の狼煙となる“日本で一番”遅い路面電車『坊っちゃん列車』の最初の乗客は、“世界で一番”速いシドニーオリンピック金メダリスト高橋尚子選手でした。すなわち、小出監督の『ほめる指導』での二人三脚がなければ違う結果があったのかも知れません。このように、人間社会は合わせ鏡。ネガティブなことを言うとネガティブなことは回りまわって身に降り注ぎます。『ほめる』『称える』『感謝する』ことが社会でより多く飛び交うようになれば、それは社会が前向きに進んでいき、地域に住み暮らす人々それぞれに存在意義と自己肯定感が生まれて社会がよりよく発展していく一歩となると私は信じています。そういった環境が整っていくためには、他者をしっかりと見ることのできる「心の余裕」を育んでいくこともまた必要です。結びに、一つ一つの自治体への理解を得ながらその輪を広げていく取り組みを愚直に積み上げていくことが最も近道。現代社会は、未来を生きる子どもたちから借りているもの。菊池先生の授業はよりよい未来を切り拓くにふさわしい取り組みだと思っています。

**4 分析① 教育カウンセリングの視点から**

# ここに答えがあります！
## 人間っていいな、友達っていいな

愛媛県教育カウンセラー協会　上級教育カウンセラー　ガイダンスカウンセラー
愛媛県松山市公立中学校教諭　渡部涼子
愛媛県新居浜市教育委員会発達支援課主任専門員　西原勝則

　授業最後の15分は、言語活動。「自分の川柳をつくる」「班で話し合う」「代表作を発表する」場面です。対話スキルは、「笑顔→うなずく→あいづち→感想→質問→対話」と示し、ルールを確認しました。学習のルールが確立し、笑顔で違いを認め合える安心の空間で、子どもたちが生き生きとスピーディーに言語活動を進める姿を見ることができます。一人も取り残されず、全員参加の学習が展開され、最後に菊池先生に、私たちの学級を『ことばを大切にし合える学級ですね！』とラベリングしてもらい、どの子も納得の顔です。「友達っていいな」「この学級が誇らしいな」という顔です。すごい！！

## 1.　全員が学習参加！一人も取り残されないことのすごさ！！

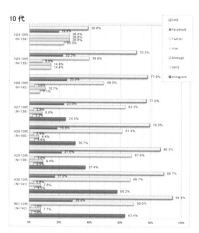

（経済産業省：平成30年度情報通信メディアの利用時間と情報行動に関する調査報告書より）

　激変する社会の環境と子どもたちの発達状況に視点をおいてみます。

　左のグラフに明らかなように、子どもたちのコミュニケーションの手段はLINEやTwitter、近年は、Instagram等の画像・映像中心のSNS使用割合が急増しています。今や視覚的言語によるコミュニケーションから、イメージの共有へと変化し、子どもたちが自己の感情や思いを「言語化」する機会は激減していると言えます。

言葉を使わなくても、スタンプの絵柄や写真などの画像でやり取りができます。数や用語などの情報を憶えておかなくても、写真にとって画像保存しておいて見返せばよいし、インターネットで調べたりアプリを利用したりすれば不自由はありません。どんな言葉で伝えようかと熟慮することも、記憶に留めておこうと努力することも、必要ありません。脳の使い方が大きく変わっている子どもたち。特別支援教育の現場や療育の場では、「言葉」と「記憶」の機能に困難が生じている子どもたちに、多く出会います。

　そんな現況の子どもたちの学習活動「言語、記憶、思考、判断といった認知機能」にアプローチするためには、まず、情動機能と実行機能を整えなければなりません。情動機能を「海」にたとえ、実行機能と認知機能を海に浮かぶ日本列島やオーストラリア大陸にたとえることができる、という話を聞いたことがあります。それくらい、情動機能＝学習活動の基盤（心の土台）が必要ということです。コミュニケーションが苦手であったり、記憶が苦手であったりする子が多くなっている教室。そこで、菊池先生が「一人も取り残されない、全員参加の授業」を実現している、「海」を育てる、その秘訣は、なんでしょうか。

　下図のような**学級集団の力**が、機能しているのではないでしょうか。
＜渡部徹氏（愛媛県教育委員会特別支援教育専門家チーム委員）が提唱＞

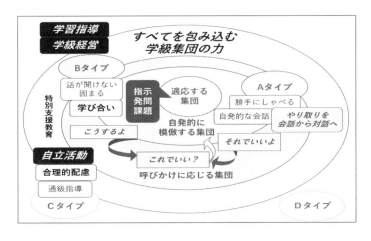

図の中央の、「適応する集団」と「自発的に模倣する集団」（リーダー、満足群）を、菊池先生は、まずしっかりと強化しています。この最後の15分では、すでに全員が、この集団に属しています。班で話し合って代表を決め、自分の川柳を板書して発表する子どもたち一人ひとりの話を、しっかりと認めて強化して、さらに今後の日常につなげた菊池先生。

　Ａタイプ（勝手にしゃべるタイプ）の子どもたちを瞬時に見抜き、先取りしてほめ、学習ルールを守って「対話」させ、活躍の場づくりをしています。そして、Ｂタイプ（話が聞けないとか固まるといった学習活動に取り残されがちな）の子どもたちには、「写し合いましょう！」「きけばいいんですよね」と、学び合いを教えていましたね。

　さらにＣタイプの合理的配慮が必要な子ども（通級指導を受けている子や特別支援学級から交流及び共同学習の形で参加する子）など、学級には多様な子どもたちがいます。

　菊池先生は、教師が助けるのではなく、子どもたちが教え合い、学び合うことを教え、「一人をつくらない」集団を育てます。そして、言葉を育てることに重点を置いて、言葉のやり取り（音声化）による育ち合いを促進します。特別支援教育の視点からも、言語活動を促進する学級経営と教科経営が求められているのですが、まさにまさに、ここに素晴らしいモデルが示されていますと、声を大にして叫びたいです。

## 2．発達課題を解き個々が成長することを援助

　発達の過程で、自他への「基本的信頼感」が得られず、「自律性」や「自発性」が得られず、「勤勉性」（社会に期待される活動を自発的に習慣的に営むこと）が難しい子どもたちが生き生きと参加できる、個々の発達課題を解いていくことができる、菊池先生の授業のすごさです。

**＝エリク・H・エリクソンが提唱した発達課題（青年期まで）＝**

| ＜発達・成熟段階＞ | ＜心理・社会的危機＞ |
|---|---|
| 乳児期（誕生〜2歳） | 基本的信頼／不信 |
| 幼児期（2〜4歳） | 自律性　／恥・疑惑 |
| 児童期（4〜7歳） | 積極性（自発性）／罪悪感 |
| 学童期（7〜12歳） | 勤勉性　／劣等感 |
| 青年期（13〜22歳） | 集団同一性／疎外、個人同一性／役割拡散 |

① **基本的信頼と愛情の感情**（乳児期に獲得）人を信じることは自分を信じることです。子どもが望んでいるように愛することが大切。相手の存在を尊重することと自分の価値を知ること。

② **自律性と自発性**（幼児期に獲得）自分の衝動や感情を自制することと、社会のルールを守ることができるようになること。繰り返し教え、その成果はゆっくり待ってやるのがいい。好奇心や探求心の開発。想像力や想像力の基盤で、勤勉さにつながるもの。

③ **勤勉性**（学齢期に獲得）社会的に期待される活動を自発的に習慣的に営むこと。友達から学ぶこと、友達に教えることの意義が大きい。

　ここまでの段階が、1時間の授業の中で全てサポートされています。子どもたち一人ひとりが尊重され、安心と信頼を感じながら、指示された時間内に指示された活動を行うこと（自己統制）ができ、社会のルールを守り、友達に教えたり教えてもらったりして、社会的に期待される活動を自発的に行っていきます。この感情記憶、行動記憶が、次の学習につながります！！そして、次の段階の「自分の役割とは」「自分らしさとは」「自分とは」といった思春期・青年期の自己概念の形成につながり、成人期、壮年期、老年期の課題へとつながっていきます！！

　まさに、集団により個が育ち、個々の育ちにより集団が育つ、授業。
「なんで学校に行かんといかんの？」
・・ここに、答えがあります！！

**4** 分析② コミュニケーション心理学 (NLP) の視点から

# 豊かな未来を創造する知性の伝承

米国 NLP 協会認定 NLP トレーナー　　中嶋美知

## 1．集中するための、ジャッジされない教室づくり

　これまででお分かりの通り、菊池先生は一切ダメ出しをしません。望ましいふるまいを詳細に説明し伝えます。例えば「あと５ミリ、やる気の姿勢」は、今やったことがダメと言っていないのです。行為そのものは認められた感があります。単にレベルの問題と受け止められます。

　望ましいふるまいになるまで、言葉以外でも伝え続けます。ジェスチャーで合図する、書いたものをさし示す、上手にできている子をほめる、といったように様々なやり方で伝え続けます。非言語のがっかり表情や不満のため息、責め言葉『なんでしないんだ』『何度言ったら分かるんだ』など、菊池先生の授業からは気配さえも見つけられません。

　とは言え、人は無意識のうちに本心がどこかに現れるものです。ちょっとした語尾の強さや口角の変化などから、私たちは自然と相手の機嫌を読み取って反応しています。しかし、児童をほめ続け、支援し続ける菊池先生にブレは感じられません。そうであるならば、私が想像するに、これまで菊池先生が、授業の内容や児童の関わりにおいて葛藤や違和感を感じるようなことがあった時には、先生はより重要な信念 / 志とつながって一貫性を取り戻し、教室に向かわれてきたのではないでしょうか。" 本気の " 授業です。

　自分の言動への批判を恐れないでいられる状況、ジャッジされない経験がどれだけその人の能力を伸ばし続けていくか、想像できる人が多くいらっしゃれば嬉しく思います。逆にジャッジされる状況の中では、人はマインドフルネス(今、ココに集中している状態)になれません。ジャッ

ジされるというのは、（概ね）学校以外に日中過ごせる場所の選択肢を
もてない子どもたちにとって、警戒モードが発動するということを意味
します。つまり、"戦う"か"逃げる"か"フリーズする"かになってし
まうのです。そのような危機感が冒頭より皆無のため、子どもたちは安
心して社会的な関わりに意識を向けていけるのです。

## 2. 劣等感が人生に及ぼし続ける影

　先日、私自身が新しいスポーツを学び始めたとき、珍しく腹立ちを感
じて語尾がキツくなり、冷静さを取り戻すために途中で学びの場から一
歩離れたことがありました。自分を客観視して気づいた苛立ちの原因は、
何度説明されてもできない情けない自分、つまり劣等感でした。

　ひもといていくとその劣等感は、小学校時代の思い出に去来していま
した。それは、クラスで最後まで逆上がりができない私が、一人ポツン
と広々した校庭の片隅に残り、できるまで練習をさせられた記憶です。
私にとって、人より早くできないことが意味するものは、寂しさと恥ず
かしさと悲しさと心身の痛みの混在した感情であり、数十年経っても
ずっと、劣等感を生じさせるスイッチとして残っていたのでした。

　人の心の中に劣等感があるならば、その一方で同時に、優越感・優越
思想も生じているはずです。この人より自分は優れていないけれど、あ
の人より自分はまし…、この人よりできない自分だけれど、あの人より
自分はできる…、と自分の痛みを和らげるために人を責めて自分を慰め
る自分に、また嫌悪を感じるなんて、切ないですよね。

　人の無意識の反応は、痛みを避け快楽を求めるようにできています。
ですから先日の私のように劣等感を感じた時、できない理由を相手のせ
いにして痛みを避ける人は少なくありません。しかし、私たちにとって
何かがうまくできない体験が、この菊池教室のように、違いを認め合い、
協力し合い、ほめ合えた経験だったならば…多くの人々の人生は、一体
どのような展開になっていたでしょう？

　きっとこれまでの人生も、そしてこれからも、人よりもできない状況

に混乱した時に入るスイッチは、前向きに課題解決をするために、他者へ積極的に協力を求める行動へと私たちを動かしているに違いありません。見習いたい人々の実例やアイデアに素直に耳を傾け、互いの可能性を開き続けているでしょう。そんな素敵なパターンは、どれだけ皆が心強く、どれだけ創造性を発揮していくきっかけとなるでしょうか。

## 3．全ての児童が安心して楽しく過ごせる場の提供

　NLP がモデルとした天才の一人に文化人類学者のグレゴリー・ベイトソンがいます。彼が提唱したダブルバインド（二重拘束）とは、A を選んでも B を選んでも痛みとなる場合、人は身動きできずフリーズしてしまうというものです。学校生活でも社会生活でも、知らぬうちにダブルバインドに陥って動けなくなっている人は少なくありません。

　私が経験した学校教育を鑑みるに、A（授業に参加できない / しようとしない→分からない→叱られる）の選択肢は "痛み" です。B（授業に参加する→できる / できない→プレッシャー / 嫉妬される / 劣等感を感じる）の選択肢もまた、"痛み" になります。

　勉強ができる子は大丈夫かというと、違うのです。一時的には "快" が生じますが、長期的には頑張り続けなければならない "痛み" が生じます。つまり、一人勝ちの成績重視という環境では、成績がよい子もそうでない子も、ダブルバインドに陥りやすいのです。

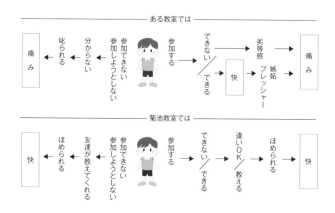

しかし、菊池教室にはそれがありません。どちらに転んでも快になる場が提供されます。これほどの安心安全の中で楽しい気分で過ごす時間が、今後の人生全般にわたってどれだけの影響力を及ぼし続けるか、どれだけの人が想像できるでしょうか？

　答えは全てです。なぜなら私達は、一生学習し続ける存在だからです。学習時間とリンクづけされているもの全てが、安心安全と楽しさのスイッチとなり得るのです。学校、クラス、友人、人と関わる、学ぶ、教わる、聞く、考える、提案、人前で発言、協力する、失敗、成功、第３案の創造など全てに、です。

　年々変化の激しさ増す時代の流れの中で、新しいことを学ぶことに苦手意識のある社会人の未来とは？逆に、これまでの常識が通用しない状況がいつ訪れるか分からない世の中で、あるいはビジネス上ではもはや国境などなくなった世界で、多様な価値観を否定することなく、誰かに指示されなくても協力し合い、これまでにない第３案を主体的に創造していける社会人の未来は？ "人との学びは安心で楽しい" という意味づけをもち、育っていくことが、どれだけ子どもたちの人生だけでなく世の中へ恩恵をもたらしていくのか、私には計り知れません。

## ４．絶対的な安心・安全な中での遊び要素による、創造性の発露

　大事なことなので、もう一度繰り返します。評価されるというのは、（概ね）学校以外に居られる場所の選択肢をもてない子どもにとって、警戒モードが発動するということです。戦うか逃げるかフリーズするかに、意識も身体も向かってしまうのです。

　菊池先生の授業に危険感は皆無です。できてもまだできていなくても先生と友達からほめられ認められていると実感する経験があるだけです。ですから安心して心を開き、周りに目を向け耳を傾け、必要な情報を受け取り、自分の考えを発信し、友達と共に豊かな創造活動に没頭していけるのです。

　しかしながら、実は安心安全だけでは創造性は培われません。ただリ

ステファン・W・ポージェス博士による５つの生理心理的な基本状態

|  | 社会性 | 安全感 | 危険感 | 活動性 |
|---|---|---|---|---|
| 1. 社会的関わり | ◎ | ○ | × | ○ |
| 2. 可動化<br>（戦うか逃げるか） | × | × | ○ | ○ |
| 3. 遊び | ◎ | ○ | ○ | ○ |
| 4. 不動化<br>（フリーズ） | × | × | ○ | × |
| 5. 恐怖なき不動化<br>（愛・親密性） | ◎ | ○ | × | × |

「ポリヴェーガル理論」を読む（津田正人，星和書店，2019)

ラックスの中に満ち足りただけでなく、心身の活動が必要です。そこを補うのが菊池教室の展開の早さであり、児童に求めるスピードです。

　菊池先生の指示は短いのです「はい、○○しましょう」「はい、止めましょう」。たとえると"だるまさんが転んだ"に見られるような緊張と緩みが、ボージェス博士が述べる"遊び"の生理心理的な状態を生み出しています。

　生来、子どもは身の回りのものを使い、空想で補い、何からでも遊ぶことができる存在です。遊びとは創造活動なのです。"席を立ち動き回って友達と話す"行動はきっと、児童にとって"遊びの時間"と意味づけされているはずです。そうであるならば、"席を動いてお友達と話す"という行為は、多かれ少なかれ児童の遊び感覚を発動させることでしょう。自然と、遊んでいるような心身状態になり、それぞれが創造性を発揮するようになったからこそ、最後の川柳づくりも、このような超短時間かつ即興で、自分の言葉で表現することができたのではないでしょうか。

## 5．多重構造の授業設計

　ところで児童たちは同時に幾つものことを多層的に学んでいることにお気づきでしょうか。人は様々なレベルで学習し変化する存在なのです。菊池先生の授業では、６つの学習レベル全てにめざす変化が設定されていました。しかもバラバラではありません、一本の軸が通り、しっかりと補完し合っています。

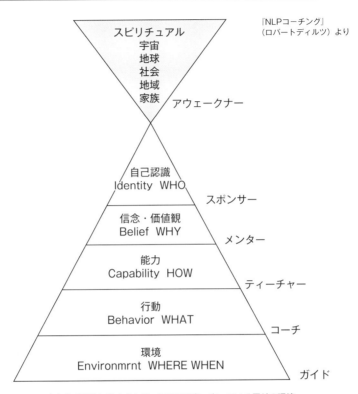

『NLPコーチング』
（ロバートディルツ）より

| スピリチュアル | 貢献、称え合う、言葉を大切にし合える |
|---|---|
| 自己認識 | 私達は素晴らしい、私達はすごい |
| 信念・価値観 | 一人一人違っていい、自分のことを自分の言葉で、まだ書けてないのは考えてないのとは違う |
| 能力 | 思い出す力、スピード、骨が折れるくらい、笑顔で |
| 行動 | 見る、発言する、拍手を贈る、立つ、座る、書く、聞く |
| 環境 | 「令和の」言葉に関する教材 |

令和はメタファーです。新しい時代、これからの時代を指し示すものです。未来に活躍していく君たちは、互いの中から生まれる言葉（つまりユニークでオリジナルな個性／才能）を生かし合い、力を併せて主体的に何かを創造していくことが可能な、とても素晴らしい存在であると、今この瞬間から体現する場を提供されているのです。

　菊池先生の授業を受け、間違うことを恐れて動かない、正解が教えられるまで受け身で待つ、馬鹿にされないように一般受けする言葉でやり過ごす、自分や友達を大した存在ではないと考える、そんなことを習慣にする児童が存在できるでしょうか。

## 6. 無意識の行動を促進するモデリング

　人はミラーニューロンを通して、目の前の人と同様の体験学習をし、また無意識に好きな人・信頼する人の真似（モデリング）をします。好きな歌手のファッションや趣味、言葉遣いを真似るように、です。

　ですから、日々繰り返し高まっていく信頼感と共に、菊池先生が目の前で人との関わりのよきモデルとなって、児童が無意識に真似をしていくことでしょう。一度身についた振る舞いのプログラムは、よほどインパクトのあるできことが起きない限り、変わりません。

　今回、たった45分の1回の授業の中に込められた秘密を分析してきたわけですが、当然、教科学習の時間以外からも学んで真似ていきます。そうですよね。

　児童たちが、これから先に出会う全ての人との関わりにおいて、1つの授業を分析して分かったこと以上に、豊かな関係性が築かれるふるまいを続けていくならば、そしてそのような児童たちをまたモデリングする友達、同僚、その子どもたち、と引き継がれていくとき、どのような素晴らしい未来が築かれていくでしょうか。きっと、私達の想像をはるかに超えているに違いありません。そう感じられませんか。

## 4　分析③　選択理論心理学の視点から

# 幸せと夢を実現する
# 「笑顔、傾聴、プラスの言葉」

ウイリアムグラッサー協会認定プラクティカムスパーバイザー
日本選択理論心理学会西予支部長　井上千代

## 1．幸せにつながるコミュニケーションを小学校で学ぶ

　授業の後半で、菊池先生は、"清水小学校 6 年 1 組川柳コンテスト"を企画され、子どもたちに「イエーイって言う準備はできていますか？清水小学校 6 年 1 組川柳コンテストを始めます」と楽しくユーモラスに語りかけ、大きな拍手でスタートしました。一体感がもて、脳が活性化され「愛・所属」も「楽しみ」の欲求も満たされます。

　菊池先生の「相当巻いていきますから」というかけ声で、ゲーム感覚で集中とスピードが加わり、「楽しみ」の欲求も満たされました。

　実際に川柳をつくるにあたっては、菊池先生は、「自分らしさを大切にして、どんな川柳を考えますか？」、そして、「まず一人で考えてみましょう」と説明され、子どもたちの「自由の欲求」が満たされます。「そのあと、班で代表作を決めましょう」という段取りが示され、子どもたちは見通しをもち、「力 ( 承認 )」の欲求も満たしやすくなります。

　子どもたちが川柳をつくっている間、菊池先生は机間巡視では、「お～、すごいな」と子どもたちのよい面を見つけて、「ほめ言葉のシャワー」を注ぎ続け、子どもたちの気持ちが盛り上がり、「力 ( 承認 )」の欲求が満たされ続けます。さらに、「お～、いいね」「さえてきたね」「なるほど」「これで令和も安心だ」といったまさに「ほめ言葉のシャワー」は続き、脳が活性化され、温かい空気が流れて、「愛・所属」や「力 ( 承認 )」の欲求など、全ての欲求が満たされやすくなります。

　そして、菊池先生は、班での話し合いに入る前には必ず、「これから、話し合いをするんだけど、笑顔であいづちだよ」と呼びかけます。

同時にその理由を説明します。「笑顔の人はだいたいね、うなずきが多いんです。怖い顔してうなずく人はいませんから。うなずいていたら、あいづちが出て、あいづちが出たら、笑顔ですからプラスの感想が出て、笑顔だからもっと知りたい質問が出て、対話、話し合いがアップしていく。このサイクルじゃないかと思うんですね」と、笑顔とうなずきが、よいコミュニケーションのために必要不可欠であるという理論を学び、その上で実践するので、身につけやすくなります。選択理論も理論があることで実践が継続し、継続できるので成果が出ます。

　しかも、菊池先生は、長年にわたって築いたコミュニケーションの理論を、「先生はそう思うんです」とさらりと子どもたちに語りかけ、一方的に押しつけないので、どの子にも受け入れやすいと思います。

　菊池先生は続けます。「だから、笑顔で、班で聞き合って、質問し合ってやってもらいたいな。私たちはできるよね？ ６年１組は。先生はそう思う。信じています」と子どもたちを信頼して語りかけ、子どもと握手をして始まり、子どもたちは、「力（承認）」の欲求も満たされます。

　話し合いの途中も、「笑顔でうなずくんだぞ。あいづち！」と話し合いの時に笑顔と表情、態度がどれほど大切かを、繰り返し、繰り返し伝えていきました。話し合い活動のたびに、子どもたちに笑顔と傾聴の姿勢を促すことで、いつか、子ども自身の考えとなり習慣になることを願う、菊池先生の教師としての愛情が伝わります。そのようなコミュニケーションこそが、「あなたたちの人生の幸せと成功に直結しているんだよ。笑顔でうなずき、よいコミュニケーションがとれる幸せな人になってね」という先生の心の声も聞こえてきそうでした。

　これから思春期を迎え心身の成長が急速になり、セルフコントロールが難しくなりがちですが、一人ひとりの子どもが、笑顔でコミュニケーションすれば、学校や家庭で多くのトラブルの予防になり、温かい居心地のよい学びやすい居場所のある学校、家庭となるでしょう。

　災害に備えることの大切さは誰でも知っていますが、人間関係のトラブルに備え予防法を知ることも重要です。笑顔でうなずき、あいづちを

打ちながら話を聞く人は、誤解されたりトラブルに巻き込まれたりすることが、そうでない人よりも、かなり少なくなります。人間関係も良好になるので、協力者を得て、成功する確率も格段に高くなりそうです。

　反対に、私たちの脳の性質として、批判する人からは離れたくなりますので、孤立しがちになります。また、批判されたと感じると反撃しようとする人もいます。円滑なコミュニケーションのために、批判は役に立たず、笑顔や「人間関係を築く7つの習慣」や「ほめ言葉のシャワー」を自ら使うことは、多くのトラブルから自分を護ってくれます。そのことを、大人になる前に学ぶ必要がありますが、小学校で身につけられたとしたら、人生の幸せと成功に大きな恩恵をもたらすでしょう。

　まずは、子どもにとって責任ある大人、つまり、親や教師が、子どもたちに笑顔で接し、子どもたちの話を傾聴すれば、お互いの上質世界に入り合うことができます。お互いの上質世界に入り合えば、お互いを大切にしようとするので、コミュニケーションがよりスムーズで、よい気分になり幸せを感じることが多くなります。

　時々、子どもが近づきがたい表情の大人も見かけます。よかれと思って厳しい表情、厳しい態度で子どもに臨んだとしても、子どもは自分の「生存」の欲求を守るため、嘘やごまかしが多くなります。
「親や教師が上質世界に入っている子どもは、問題を起こさない」とグラッサー博士は代表的な著書「選択理論」（アチーブメント出版　柿谷正期訳　2000年）で述べています。上質世界に入っている大人の価値観を無視できないからです。まずは、子どもに関わる大人が、子どもたちに笑顔を向け、子どもに対して認め励ます「人間関係を築く7つの習慣」を使って、コミュニケーションを取っていきたいものです。笑顔から始まる、「ほめ言葉のシャワー」を豊かなコミュニケーションのモデルとしてほしいと願います。

　また、教師がユーモアを使い、子どもたちの「楽しみ」の欲求が満たされるような工夫もたくさんなされていました。とても、愉快な表現として、班学習に入るために机を合わせる場面で、「これから班を作るん

だけど、日本の小学生は班を作るとき、10秒以内で班を作らないといけないという法律があるのですが、知っていますか?」と先生に尋ねられた子どもたちは、「知っています」と楽しそうに答え、スピード感ある授業を主体的に受け入れてさわやかに行動に移しています。ユーモアあふれる呼びかけで、「楽しみ」の欲求も満たされ、一体感ももて、「愛・所属」の欲求も満たされ、スピード感が出て、脳が活性化されて効果的な学びにつながります。パッと動くことで子どもが苦手意識をもつ前に、主体的に班活動に取り組み始めることができていました。

机間巡視の際には、「急ごう」、「いいね!」「ほう〜!」「なるほど」と明るく楽しい言葉かけが続き、子どもたちは励まされ、学習に弾みがつき、「楽しみ」の

欲求を満たしながら学習が進みました。

その後、「代表が決まったところは、どんどん書いてください」と、それぞれの班の代表者が書くことで、子どもたちの参加意識もさらに高まります。

そのような中、各班の代表の一句を発表となりました。「はい1班、はきはきと、美しい日本語で!」とリズムよくテンポよい教師の呼びかけで、1班の代表の児童には、川柳を書いた理由を質問して、「えらいね。理由は書いていないけど、自分のことを自分の言葉でしゃべる」と理由を話せた点をほめています。論理的に考えさせることを大切にしている菊池先生は、子ど

もの発言の中にそのことが少しでも見られれば、「えらいね」とすぐ認める、その場で認める、印象的に認めるなどの工夫をされています。子どもはよい気分を得て深く記憶し、今後も、自分の頭で考えて言葉にしようと意識して、習慣になりやすいと思います。

　反対に、子どもの最初の小さな努力と変化を見逃すと、その変化はその場限りで消えて、身につく可能性が減ってしまいます。

　5班の子どもの「コロナが自粛してくれればよい」という願いの川柳に対しては、「素晴らしいね。逆の発想だね」とうなずき、承認しました。

　最後の6班の代表の子どもには、「お待たせしました。君が令和の子でしょうか?」と語りかけ、その子は堂々と、「令和の子　考えることを　やめない子」というこの授業全体を象徴するかのような一句を発表しました。川柳を題材にした45分間のコミュニケーション授業が終わる頃には、菊池先生の願い通り、子ども自らが自分の頭で考え、自分の言葉で表現する姿勢をもつことができました。そのことが、最後に発表された川柳に象徴されていました。

　その後は、机を戻してまとめに入ります。「5秒で机を元に戻しましょう」と声をかけられ、子どもたちはパッと反応して、最後までスピード感があり楽しい授業でした。

　授業の締めくくりは、今もこれからも、「言葉を大切にし合える学級」と板書され、「力(承認)」の欲求も満たされ、今後に授業や活動にも続いていく明確なイメージをみんなで共有することができました。

　また、「コンテストするなら、自分の班以外に1票入れることで、コンテストもやっていいです」というアイデアを出され、「先生はどの句もどれも素晴らしいと思う」と承認されたことで、子どもたちの「楽しみ」の欲求も「力(承認)の欲求も満たされたと思います。

　授業の終わりに、菊池先生が選んで紹介した子どもの川柳は、「人生一度、教師集合、もう戻せない」は、大人も示唆を受けるようなドキッとするものでした。その上で、菊池先生は、「今日の授業に対して先生方から拍手が降り注ぐと思いますか?」と質問し、子どもたちは、参観

している教師や関係者から盛大な拍手をもらって「力（承認）」の欲求が満たされ、記憶に残り学びの多い楽しい授業となったことでしょう。

　この授業をふり返って、菊池先生自身が、笑顔とあいづち、うなずくなどよい聞き方のモデルとなり、さらには、傾聴したことに対して、ほめ言葉のシャワーで返し、コミュニケーションのモデルとなっていました。また、様々な仕組みの工夫によって、楽しくテンポよく進みました。

　選択理論の視点から見ても、子どもたちは、「愛・所属」や「力（承認）」の欲求が満たされ続け、強制を感じないので「自由」の欲求も満たされ、そのような状況なら楽しくて「楽しみ」の欲求も満たされ、不安を感じないで「生存の欲求」も満たされました。つまり、人が求めてやまない5つの欲求の全てが満たされた状態で、授業や班活動が進み、脳が活性化され、共同学習が豊かで楽しいものとなり、今後の学校生活にもつながることが期待される豊かなコミュニケーション授業となりました。

## 2．小学校1時間の授業の中で学ぶべきこと

　選択理論の視点から見て、小学校1時間の授業の中で学ぶべきことは下記の2点です。
・幸せと夢の実現のためには、身近で重要な人とのよい人間関係が不可欠であり、よい人間関係のためには、よいコミュニケーションが必要
・よいコミュニケーションには、笑顔・傾聴・プラスの言葉

　菊池先生の提唱する「ほめ言葉のシャワー」なら、教師と子どもの人間関係が近づき、5つの欲求が満たされ心が穏やかになり意欲をもちます。

　人と関わるときには、プラスの言葉が当たり前で、なぜなら、脳のはたらきに合致しているからであり、幸せと成功につながるからという理論と実践が、教育界の常識になれば、社会で起きているあらゆる問題は、消えていくでしょう。どの子も欲求充足ができ、喜びのある学校生活、家庭生活を送ることができるようになるからです。

　そのためには、菊池先生のほめ言葉のシャワーの授業と理念が、学校や社会へと広まっていくことを切望します。

## 4 分析④ チームビルディング（統合組織開発）の視点から

# ４５分の授業が
# 人生を変える

株式会社カイシン　組織開発コンサルタント　牧野　真雄

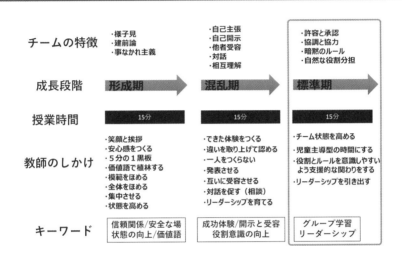

| チームの特徴 | ・様子見 ・建前論 ・事なかれ主義 | ・自己主張 ・自己開示 ・他者受容 ・対話 ・相互理解 | ・許容と承認 ・協調と協力 ・暗黙のルール ・自然な役割分担 |
|---|---|---|---|
| 成長段階 | 形成期 → | 混乱期 → | 標準期 → |
| 授業時間 | 15分 | 15分 | 15分 |
| 教師のしかけ | ・笑顔と挨拶 ・安心感をつくる ・5分の1黒板 ・価値語で植林する ・模範をほめる ・全体をほめる ・集中させる ・状態を高める | ・できた体験をつくる ・違いを取り上げて認める ・一人をつくらない ・発表させる ・互いに受容させる ・対話を促す（相談） ・リーダーシップを育てる | ・チーム状態を高める ・児童主導型の時間にする ・役割とルールを意識しやすい　よう支援的な関わりをする ・リーダーシップを引き出す |
| キーワード | 信頼関係/安全な場 状態の向上/価値語 | 成功体験/開示と受容 役割意識の向上 | グループ学習 リーダーシップ |

　最後の 15 分は、子ども中心の授業であり、主体的で対話的なグループ学習の時間になっています。チームビルディングの段階としては標準期としていますが、実は、この終盤のチーム状態は、標準期手前の対話型の混乱期と捉えています。つまり本来の標準期ではなく強引につくり上げられた仮の標準期です。本来の標準期となるような学級をつくるにはさすがに 45 分の授業では難しいものです。本来の菊池実践は、年間見通しをつくって行うためにこれを可能にしています。しかし、それでも一見すると標準期に見える学級状態をつくり出して、子ども中心の授業を行っていることには違いがありません。では、なぜそれが可能なのかを考察していきたいと思います。子ども同士が主体的にリーダーシップを発揮してグループ学習を行い時間内にまとめて発表できているのは

次の３点がそろっているからです。

①序盤からつくられた空気感が続いていること

②中盤でリーダーが育ち、かつ、主張と受容ができるチームになっていること

③菊池先生が進行の仕方や話し合いの仕方に対して助言とヒントを与えていること

**①序盤からつくられた空気感が続いていること**

「和やかな場」「集中する場」「元気に話し合う場」をテンポよく切り替えることで全体的にメリハリとスピード感のある学級がつくられていることはお伝えしました。

授業の構成的にその割合をふり返ると、序盤は「穏やかな場」を合間に多く入れて安心感をつくり出していますが、中盤は「穏やかな場」の活用は半分以下に減っています。集中する場が多く、子どもが考えて書く時間、発表する時間が多いため、メリハリのある空間がつくられています。終盤は、子ども一人ひとりが集中して考えて書いたあとに、子ども中心の時間として「元気に話し合う場」をつくり出しています。

ここで大切なのは、中盤で子ども一人ひとりが自分自身の考えを集中して書いて発表するという流れができていることです。個々人が考えることができるからその後の話し合いが可能になるのです。また、人にもよりますが、黙々と作業をするとその反動で話したくなるものです。基本的には集中させる授業をする中で、子どもたちが抱く話したい欲求を、うまく話し合いの場に向かわせています。

**②中盤でリーダーが育ち、かつ、主張と受容ができるチームになっていること**

第４章で何度も述べましたが、リーダーシップを発揮する子どもが中盤で育っていることにより、教室はよい状態がどんどんつくられます。菊池先生の事前指導や価値語の植林の効果は、まずはそのようなリー

ダーとなる子どもたちが言葉を体現化するところに現れます。序盤と中盤に教室全体で繰り広げられていた行動が、リーダーシップを発揮する子どもたちを中心に少人数グループでも同様に行われるようになっています。

「最初に意見を伝える」「友達の発表を促す」「あいづちをうつ」「うなずく」「友達の解答を承認する」「質問をする」「拍手をする」などの行為を子どもだけのグループで行われることで、子ども同士で発表し合い、話し合うことができます。

▲話し合いで意見がでるための9要素

　チームで話し合いをするときに、それぞれが意見を言うためには様々な要素が必要です。菊池実践では、これらの要素を45分の授業の中でつくり上げているので、終盤で子ども同士の話し合いが可能になっているのが分かります。

　まず中心にあるのが、「安心」です。第3章で取り上げたように序盤においてこの安心の空間をつくりあげていますので、「否定される」「批判される」「攻撃される」「蔑まれる」「馬鹿にされる」といった不安がありません。それは先生を中心に教室全体、友達も含めて「受容」してくれるからであり、また同時に先生やほかの子どもも「開示」をしているので自分自身も「開示」ができる安心感があるからです。この「開示」

は「役割」と「機会」を与えることによって半ば強引につくりだしています。「役割」とは「自分自身も参加するんだ」「自分も考えるんだ」「自分も解答を書くんだ」「自分も発表するんだ」という役割意識です。授業に参加しない子どもの多くは、授業自体が他人事になっています。それは、自分が参加しなくても授業が進んでいくからです。自分には授業を前に進めるための機会や役割はないと思っているからです。それ以前に、授業は先生が進めるもので教室の皆で進めるものだという認識がないと思います。菊池先生はこの構図をそもそも変えていますから、授業は教師と子どもでつくって進めていくものだという認識が子どもの中には生まれています。さらにその中で、誰一人もサボれない、取り残されない進め方をしますので、全員に「役割」と「機会」がある状態がつくられるのです。この「役割」「機会」と表裏一体にあるのが「期待」です。教師と仲間の児童が、参加すること、考えること、書くこと、意見を言うこと、発表することを「期待」してくれるから「役割」を感じることができます。

　そして第4章で述べたように、簡単に答えられる質問によって成功体験を与えて「自信」を高めます。その「自信」と周囲のチーム状態、学級全体の空気感によって「やる気」がどんどん高まります。

　あと必要なのは、答えを考えるための「情報」（＝知識）と、それらを意見にまとめるための「発想」です。「情報」を増やすために菊池先生は『思い出す』という言葉を頻繁に使っていました。また自分の頭の中に「情報」がないのなら周りの仲間から「情報」をもらったらよいのです。ぜひ、この9つの要素を45分の授業の中でしっかりとそろえるような組み立てをした授業づくりの参考にしてみてください。


**③菊池先生が進行の仕方や話し合いの仕方に対して助言とヒントを与えていること**

　子ども同士で話し合いを進めているとはいえ、このグループ学習もしっかりと教師がファシリテートをしています。

『話し合いで意見がでるための9要素』がそろわないと話し合いがされませんので、グループでの話し合いが始まる前に再度これらの要素をそろえています。

　事前指導によって、つくるべき空気、聞く態度、聞き方や対話の仕方を教えています。そして、まずは個々人で考えさせるという「役割」「機会」をつくることで、「発想」をさせるので全員が意見を言える状態をつくり出しています。あとは、机間指導や助言やヒントを与えて、リーダーシップを発揮しやすくしたり、「開示」「受容」が進むように促し、「やる気」と「自信」を高めています。

　最後に代表作品を決めるところは、アドバイスを与えてリーダーシップを発揮する子ども中心にまとまるようにと授業を進めていました。全員が納得し合うまで話し合っての合作としてできた代表作品でなかったとしても、自分の考えを伝え、聞いてもらい、話し合い、自分たちで決めたという体験が楽しい授業だったという印象と成功体験を子どもたちに植えつけていると思います。このような体験が積み重なっていくと、自分たちは話し合いができる学級なんだという価値付けがされて、自分たちで話し合うことの可能性をどんどん感じるクラスに成長していきます。

■**子どもの成長を教室全体で可能にする**

　人は快を得て不快を回避しようとするという話は何度もしました。大人や教師からは改善してほしいと思う子どもの問題行動も、その子どもにとっては状態を保つためや欲求を充足するため、さらなる不快を避けるために意味があることがお分かりいただけたと思います。そのような子どもたちに叱責や注意や指導をして改善行動を促してもなかなか変えることはできません。

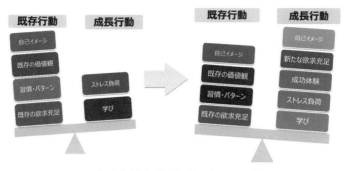

▲既存行動と成長行動のシーソー図

　この図は既存行動が成長行動に変容をする際のバランスを表しています。人は快を得て不快を避けるために既存の行動がパターン化されています。そしてそこには価値観や考え方が形成されており、その中でも最も強いものが自己イメージです。そこに対して、論したり考え方を伝えたり行動を強引に変えるようにストレス負荷をかけても、不快を避けたいわけですから、シーソーゲームでは既存行動に軍配が上がります。

　押さえつけの指導、恐怖や威嚇による指導は、それでも行動をするように、さらにより強いストレス負荷を与えて、その多大なストレスを回避したいという不快をつくり出し、無理強いに改善する方法と言えます。ところが大人や教師から不快ばかりを与えられた子どもは、もうその不快を避けようともしなくなります。そうなると、この方法での指導はお手上げ状態に陥ります。

　菊池実践のアプローチはまったく異なります。教育カウンセリング、選択理論心理学、NLPのアプローチにも共通することかと思いますが、快を引き出して成長するエネルギーを高めています。
「成功体験」と「新たな欲求充足」と「新たな自己イメージ」です。第３章と第４章でこの内容については触れましたので詳しくは書きませんが、これらを教室の中にあふれさせているから子どもが変わることができるのです。教室全体を成長させることが、一人の子どもを成長させる

ことにつながります。この教育観点も菊池実践の重要な一つだと考えています。

## ■45分の授業次第で学校生活は大きく変わる

ビジネスの世界では、社員満足度と会社の業績の相関関係は一般的なものとして話されるようになっています。特に大人の職場では離職というものが起きますので、満足度の低下により人材流出や生産性低下は企業として致命的です。優秀な人材を取り合っている採用難の時代ですから、どうしたら社員満足が向上するかという各社の取り組みは加速度的に進んでいます。

その社員満足の仕組みを、子どもの学校満足に置き換えてまとめてみたものが下記の図です。

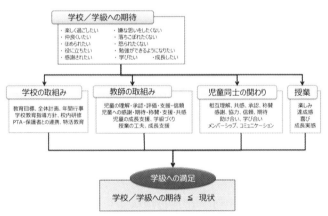

▲子どもの学校(学級)満足の仕組み

子どもにとって学校生活は人生の大半を過ごす場所です。学校での満足度や充実度が日々の日常、彼らにとっての人生の幸せに多大な影響を与えていることと思います。そして、子どもたちはそれぞれに意識的・無意識的な期待を抱いて学校に通っています。

その期待に応えるためのしくみを、「学校の取り組み」「教師の取り組

み」「子ども同士の関わり」「授業」の４つに大別してまとめてみました。

　図を見ていただくと分かる通り、「教師の取組み」「児童の関わり」は学級経営をさしていますので、教師の"学級経営"と"授業づくり"が大半を占めています。

　特に重要なのが子ども同士の関わりを教師がいかにつくりあげるかです。子どもは勝手に仲良くなる、勝手に成長する、などということはありません。

　今でも多くの学校現場で人間関係に悩み、学校に行きたくない、苦しい思いをしている子どもがたくさんいることでしょう。家庭においては別ですが、学校生活の中でその子どもたちを救えるのは教師でしかありません。いじめは加害者と被害者がつくり出すのではありません。集団全体がつくり出しているのです。その集団を変えられるのが教師だと思います。

```
・仕事（人の代わりにする他者貢献）があること

・理想を追い求めていること

・高い目的意識を持って過ごしていること

・社会（人）とのつながりを感じていること

（ポジティブ心理学者ロバート・エモンズ）
```
▲幸せの４条件

　最後に、ポジティブ心理学の権威ロバート・エモンズが提唱した『幸せの４条件』をご紹介します。

　上記の４条件を学級に当てはめて考えると次のようになるのではないでしょうか。

①仕事があること＝役割があり友達やクラスの役に立つこと

②理想を追い求めていること＝理想の自分や理想の学級を追いかけること
③高い目的意識をもって過ごしていること＝成長目標や価値語の実践を意識すること
④人とのつながりを感じていること＝先生やクラスの仲間と信頼し合い学び合って過ごしていること

　この４つは菊池実践の中では全てが満たされているのではないかと私は感じています。そして、お互いが幸せになれる集団を自分たちでつくりあげた体験は子どもたちにとって一生の学びとして残るのだと思います。

　今回はわずか45分の授業について様々な観点から分析と考察をしました。私自身この本を書いたことで、菊池実践の素晴らしさを再確認することができました。

　子どもたちの今と未来を担い、日々真摯に子どもと向き合っている全国の教員の皆様にとって、また人材育成や子育てに真剣に取り組まれている方にとって、今回の分析と考察が少しでも参考になれば幸いです。

第 **6** 章

# 本書の意義と解説

【言葉の力】

# 菊池実践から考えた
# この本の魅力

菊池道場愛媛支部副支部長（松山市立味生第二小学校長）　佐藤　郁子

## 1　菊池実践との出会いと夢の実現

　菊池先生との出会いは、NHK の「プロフェッショナル　仕事の流儀」
でした。「愛媛出身で、素敵な実践をしている先生が北九州にいらっしゃ
る」というのは衝撃でした。「学びたい、真似してみたい」と思い、す
ぐに書店に行ったのを覚えています。
「ほめ言葉のシャワー」「価値語」「5 分の 1 黒板」等の実践をしていく
うちに、壁にぶち当たりました。「うまくいかない…」特に「ほめ言葉
のシャワー」が。そんな中、教頭になったばかりの 4 年前の 4 月。ふと
目に留まったチラシ。「愛媛・松山で菊池先生の講演会がある。行きた
いが…。年度当初で超多忙」相当迷いましたが、「こんなチャンスは 2
度とないかも」、思い切って参加することにしました。菊池先生の話を
聞いて、なぜうまくいかなかったのか、自分なりに理解できました。そ
して、「本物の授業を生で見たい」という思いが強くなりました。それと、
参加しているのは先生ばかりだろうと思っていたのですが、企業の方や
人材育成に携わっている方、経営コンサルタントの方等、先生以外の方
が半数近くいたことに驚きました。
　後で分かったことですが、これこそが愛媛支部の特徴です。お陰で、
教員の目線だけでなく、人材育成や経営の視点等からも勉強できるので、
菊池道場愛媛支部での勉強会は、視野が大きく広がります。いろいろな
角度から見るということは、新たな気づきの連続です。本書はまさにそ
の視点で書かれたものです。
　4 年前の「菊池道場春祭り」で初めてお会いしたばかりなのに、愛媛

支部長の牧野さんから、「夜の情報交換会に参加しませんか」と誘っていただきました。「菊池先生と直接お話しできるチャンスは逃したくない」という思いから、誰も知らない人ばかりの中に飛び込んでみました。教育論や教育観、人材育成の話など、私にとって多くの学びのある会でした。その時、酔っぱらった勢いとダメもとで、「菊池先生、私の学校に来てください。でも、お金はありません」とお願いしました。すると菊池先生から「行きましょう」と即座に答えが返ってきました。夢ではないかと何度も自分を疑いました。「忙しさに負けないで、研修会も情報交換会も行ってよかった」と心の底から思いました。

　それからしばらくして、愛媛県総合教育センターの講演講師で菊池先生が愛媛に来られると知り、それに合わせて自分の勤務校へ来ていただくように企画・提案しました。しかし…、「先生方の負担を増やすのですか」という校長の一言に反論できず、却下。それから、菊池先生が愛媛に来る予定に合わせて、前回の失敗を生かして何度か創意工夫しながら企画・提案しましたが、全て却下でした。

　教頭として２校めの勤務校でやっと夢を実現することができました。夢の実現までに３年かかりました。新しい学校に転任した先の校長先生が許可してくださいました。「そんなに有名な先生が来てくださるなんて素晴らしいことです。ぜひやりましょう」とすぐに賛同していただきました。分かってはいたものの、やはり学校経営は校長先生のお考え次第だと再認識しました。「やっと菊池先生の生ライブのような授業を見ることができる。そして、勤務校の先生方にも、菊池実践を見てもらえる」幸せを感じる時間でした。

　４年間の教頭時代、３人の校長先生のもとで仕事をしましたが、菊池先生の来校を許可してくださった校長先生が、私の中では一番尊敬でき

る校長先生です。教職員に転勤はつきものです。学校を変わったとき、つまり転任したときは分からないことも多く、誰もが不安で多かれ少なかれストレスの中で仕事をしています。そのような中、決して叱らず、質問すると丁寧に教えてくださり、ほめて認めてくださった校長先生。時折冗談を言い、私たちを笑顔にしてくださいました。まさに、菊池実践そのものの校長先生でした。部下のやる気を起こさせる校長先生。私も真似したいと思い、職員室の担任として、できるだけ先生たちに声をかけ、素敵なところを言葉や時にはメッセージカードで伝えるようにしました。その時も、校長先生から「教頭先生のお陰で、職員室が温かく楽しい場所になりましたね」と言っていただき、とても嬉しかったことを思い出します。

　そして、その尊敬する校長先生がいらっしゃる学校で、なんと菊池先生が、６年生３クラス全ての教室で授業をしてくださることになりました。「思い続け、言い続け、動き続ければ、いつか夢はかなう」を実感しました。合わせて、「菊池道場愛媛支部との合同研修会」という点も合意いただき、本校の教職員以外の菊池道場愛媛支部関係者や学びの仲間も授業を参観できることになりました。感謝の気持ちでいっぱいでした。

## 2　教職員の変容

　菊池先生に飛込授業をしていただいたのは松山市立清水小学校。授業参観者は、かなりいました。本校の教職員、他校の教職員、教育実習生、大学院生、菊池道場愛媛支部のメンバーとその関係者、選択理論心理学を学んでいる仲間、フリーアナウンサー、心理学者、企業の方、市議会議員等、学校教職員だけでなくいろいろな職種の方が集まりました。

　そのような中で、本校の教職員が受けた刺激は半端ではなかったようです。授業の前日に自主研修会を開催しましたが、ほぼ全員が参加。授業公開においても、ほぼ全員が参観。特に若手教員からミドルリーダーにいたる教員の心には、菊池先生の授業が大きく心に刺さったようでし

た。

　この授業を行った学級担任は、中堅研修の報告の中に、次のようなプレゼン画面で、以下のような感想を発表しました。

**U教師の感想（担任）**

　10月に自分のクラスで菊池省三先生が授業をしてくださいました。菊池先生の授業を参観して、学級の子どもたちがもっている力を出し切ろうとする姿に感動しました。

　それと同時に、自分自身のコーディネート力が一番の課題であると痛感しました。菊池先生の授業には、自分が日々できていない工夫が散りばめられていました。拍手、反応することの重要性や聞き方の指導、少数派意見の価値付け、みんな違ってよいことなど、安心して何でも言える雰囲気を初めて接する子どもたちがすぐに感じることができる技に、正直びっくりしました。私はついおろそかにしている場面があると感じました。語りかける声のトーンや、間一つにも引き込まれました。「発言してよかった、自分が役に立っている」という瞬間が1時間の中にたくさんしかけられていました。「違いを楽しもう」と菊池先生に言っていただきました。ほめるところはないか、やる気にさせる言い方はないのか、やりたいと思える提示をしているか。今でも忘れていることがあり、そういった場合は、やはり授業はうまくいかず、子どもたちはのってこない授業になりがちです。

「自分のクラスで他者に授業をしていただき、参観する」これは自分の指導をふり返る上で極めて有効な機会でありました。子どもたちは、自分がもっている力を最大限発揮し、普段は見せない輝きを放っていました。自分が引き出せていない部分が多くあることにも気づかされました。

昨年度、決して日頃の学級内の雰囲気が濁っていたわけではないと思っていましたが、まだまだ自分に改善の余地があると分かり、それ以降授業の組み立てを変化させることにしました。

### S教諭の感想（経験3年目）

　菊池先生の講演・授業参観に参加し、多くのことを学びました。「10割ほめる」ことはとても難しそうだと感じましたが、次の日少し意識するだけで自分の言葉かけが変わりました。すると、子どもたちの様子にも少し変化が見られたように感じました。これからも様々な授業の仕方や生徒指導など新しいことを知ると思います。その中で、「それは自分のやり方には合わない」とか「できない」など簡単に判断せず、まずやってみることを大切にしたいと思いました。私の挑戦は、これからも続きます。

### K教諭の感想（経験15年目）

　菊池先生の授業を参観して、たくさんのことを勉強させていただきました。子どもたちを惹きつける温かい言葉かけ、話を進めるテンポや声の強弱など、参考になることばかりでした。また、菊池先生の授業の中で、子どもたちの集中力が高まっていくのを実感しました。

　私も、温かい言葉とユーモアで、みんなが安心して発言できる学級をつくろうと日々努めています。つい叱ってしまう場面もありますが、子どもたちのよいところをたくさん見つけ、伸ばしていくことを心がけて現在学級経営に尽力しています。

### Y教諭の感想（研修主任）

　菊池先生の授業や講演を拝見し、学び合う集団を育てることの大切さを知りました。また、子どもを見る視点を教師がしっかりもって、長い目で子どもの変化を見ること、子どもの思いを感じ取ることができる教師にならなければと思いました。自分の指導や支援をふり返ると、なかなかできていない部分が多いと感じました。特に、「10割ほめる」です。気になる子への関わり方において、教師がその子をしっかりほめることで、周りの子のその子への関わり方が変わることを知りました。自分の

クラスでもできるだけ実践を試みました。成果は微々たるものだったかもしれませんが、少しずつ子どもたちの関係に変化が見られたように感じました。本年度も昨年同様4年生の学級担任です。「10割ほめる」への挑戦を続けています。少しずつ少しずつ前進しています。

　菊池先生の授業参観後、教員の授業観に変化が表れました。教頭として、週に1回以上、校内の先生方の授業をずっと見て回っていましたが、確実に成果が出ていると感じ、「菊池先生の授業参観が成功した」と心の中でガッツポーズを取っていました。

　授業参観後、各自が自分の授業について下記のような課題を見つけ出したようです。

**【自分の授業に対する課題】**

①　挙手→指名方式の授業で、発言が偏っていた。正解を言わなければならない雰囲気があった。一部の児童だけが主役となっていた。

②　話し合いがペア、班と固定されていた。その中で「発言する子、聞く子、話し合いをリードする子」などの役割が固定化され発展しない。話し合いの形にはなっているが、実際には深まりや広がりが見られる児童は限定的である。

③　自分で考える、話し合うなど一つ一つの活動時間が長くて間延びする。スピード感がない。

④　児童の発言や学んでいる姿勢、以前からの変容や成長を価値付ける言葉が少ない。自らの成長を実感できず、学びへの意欲が薄れる児童もいた。

⑤　学力不振の児童や学習内容を苦手と感じている児童にスポットが当たらず、さらに学力差が広がる。

⑥　伝達する授業、教師がしゃべる授業になりがちな傾向があった。

　その気づきに対して、以下のような改善方法を考え、現在実践継続中です。

**【1時間の授業の改善点】**

①　発言方法の変化

列ごとの発言、意見がある児童の一斉起立。思いついたら途中で起立して発言するなど。挙手指名も行うが、割合は半分以下に減った。発言しやすい雰囲気を心がけ、誤答が出たとしてもそれに価値付ける箇所を見つけて伝えるようにした。

（誤答への価値付けの例）

・「少数派でも堂々と言えたね」「最後まで考えて自分の言葉で発言できたね」「今の発言があったから気づきがひとつ増えたね」など。

②　フリートークの導入

　　初めは仲のよい児童同士が話し合っていたが、毎日フリートークをしているとほかの人の意見も聞きたくなるようで、男女や日頃の関わりのあるなしに関係なく意見交換をするようになった。考えが書けた児童から話し合いを始めるので、無駄な間延びが一切なくなった。分からなくて困っている児童も「よいと思った意見は写して書いてOK。得意なことがある時は助けてもらった分返そうね」としたので、その子なりの参加の仕方ができるようになった。

③　教師のパフォーマンスへの意識

　ア　価値付ける言葉

　　　価値付けは発言内容が正解かどうかだけではない。挙手の仕方、話し方、発言内容、発表回数、人の意見を生かしている発言、自分の言葉で語る児童、分からないことが言える児童、つぶやきが多い児童など。何か成長した部分はないかを探しながら発言を聞くと、児童の意見が以前より頭に残るようになった。

　イ　短く、断定する指示

　　　「止めましょう」「写しましょう」「見せ合いましょう」等、具体的で短い指示を心がけるようになった。

　ウ　身ぶり手ぶり、動作

　　　表情が乏しい、動作がない、抑揚がない指導をすると授業にリズムが生まれにくい。身ぶり手ぶり、動作は教師自身の授業へのモチベーションも高めてくれる。つい大きな声、早口でたくさんの情報

を伝えがちなので、時に声を絞ってゆっくりと話す方が児童の注意を引くことができる。パフォーマンス力の向上によっていつも同じ指導ではなく、学習にリズムと変化をつけられるようになった。

④　新たな学級で４月から

　昨年度は10月に菊池先生の授業参観があったので、年度半ばからの授業改善となった。今年は４月の学級開きから改善点を実践している。やはり、教師と児童の関係が固まっていない年度初めからの取り組みだと効果が抜群に大きいと感じる。

　菊池先生の授業参観から多くのことを学び、授業観に変化があった教員は多いです。特に若年者からミドルリーダーに至る教員の変化が著しかったです。しかしその反面、自分の指導に自信があり挙手指名型、教員の一方的な説明型等から抜け出せない教員も少なからずいます。また、経験と年齢を重ねた教員からは、「分かっていることなのですが、できてないですね」で終わってしまいます。

　気づきのない教師、子どもたちのために自分ができることをやろうとしない教師に対して、強制をして無理やり実践していっても効果はないと思っています。でも、菊池実践を伝え続けていくことが「一人も見捨てない教室」への道標だと信じています。これからも多くの教員に菊池実践を生で見てもらい、授業観を進化させていきたいと思います。

## 3　管理職としての菊池実践

①　管理職としての指針が詰まっている１時間の授業

　４年前に管理職となり、教頭として実践してきたことや、現在、校長として実践していることは、菊池先生の１時間の授業の中にちりばめられていました。「ほめて、認めて、励まし、支援する」「笑顔力」「10割ほめる」「安心して発言できる教室へ」「関わり合いは、思いやり」「５分の１黒板（めざす姿の視覚化）」等、菊池先生の授業の中にある要素は、管理職としての指針そのものです。

　「大人も子どもも一緒」、これは、菊池実践の代名詞です。そして同時

に、管理職として教職員に対する姿勢そのものです。「子どもも教職員も一緒」です。授業分析を行うと、そのことを再認識することができました。「笑顔で登校、満足して下校」、子どもはもちろんですが、教職員にとってもそうである毎日にすることが管理職の使命です。教職員にとって、「働きたい職場、幸せを感じる職場」にするためには、菊池先生の1時間の授業にちりばめられている、コミュニケーション科の取り組みこそが重要であると思います。

② 教職員のリーダー（教頭）として

教頭1年め～3年めは、3～6年の理科専科でした。初めての専科だったので戸惑いもありましたが、まず価値語に取り組んでみました。理科は教科の特性が感じられる価値語がたくさんできました。

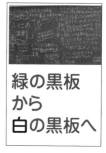

黒板の開放もよく行いました。実験や観察からの考察でこの手法をよく使いました。毎回たくさんの意見が出ました。黒板を開放して、自分の意見を書くというしかけは、子どもたちの意欲を掻き立て、友達とは違った視点から考察しようとする子どもたちが増えました。

また、その後の話し合いでは、深い考察が徐々にできるようになっていきました。白い黒板にいっぱいに書かれた拡散した意見を集約しながらまとめを行うことで、点であった意見が線になり、そして面となっていくように教師がコーディネートすることで、深い学びとなっていったように感じました。最後には、自由に席を立って、多くの友達と今日の授業で学んだことを意見交換しました。その中で、「○○さんの意見と同じで嬉しかった」とか、「○○さんの意見で、頭が整理できてよく分かった」とか、「ほめ言葉のシャワー」により意見交換が行われていました。

コミュニケーションに主眼を置いて授業実践した結果、全国学力テストや県独自の学力テストにおいて、他教科を上回る成績となりました。「ほめて・認めて・励まし・支援する」ことを意識した授業を行うことによって、思いを伝える力や問題解決力が向上し、学力も自ずと上がってくるとことを実感した期間でした。

　教頭として2校めに赴任した学校では、家庭科専科となりました。ここでは、5年、6年生の家庭科を担当しました。価値語の実践は続けて行いました。合わせて、授業におい

一人が美しい

群れないで一人でがんばった人が成長します。糸くずをもくもくと拾う姿、美しいですね。

「ありがとう」は一日 39 回

素敵な日本語 NO.1 は「ありがとう」。一日に、39 回言えるといいですね。なぜかって・・・それは、39（サン キュー）だから。まずは10回（ありが十（とう）から、はじめてみましょう。「ありがとう」の言葉が響く清水小になるといいですね。

ては、5分の1黒板、拍手、挙手指名型からの脱却を心に留め、日々の教育活動を行いました。

　子どもたちは、家庭科の授業を楽しみにしていると全クラスの担任から言ってもらいました。日々の取り組みが子どもたちを通して担任にも伝わっていることが、何よりも嬉しかったです。

　職員室の担任（教頭）としても菊池実践を試みました。「大人も子どもも一緒でしょ」この菊池先生の言葉には、いつも共感します。大人でも、ほめて認めてもらえたら嬉しいです。そこで、職員室の担任として、以下のことを実践しました。

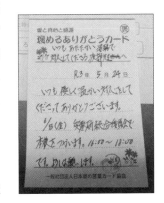

○　毎日できるだけ多くの職員と会話し、その日話ができた先生の記録を残す。
○　会話の際には、プラスの言葉やその先

生の取り組みの素敵なところを伝える。

○　会議や研修の際には、ユーモアを交えて笑顔になれるような話し方を心がける。

○　メッセージを机上に残すときは、「褒めるありがとうカード」（褒める言葉カード協会製作）を利用して、ほめ言葉のあとに要件を書く。

○　職員室に、先生方向けの価値語コーナーを設け、先生方のよさをアピールする。

**学習課題を明確に**

1時間の学習課題を明確にすることで、子どもたちのその時間のゴールイメージがはっきりします。まとめの段階で、学習課題にそったまとめとなることが理想です。その視点から、学習課題を設定しましょう。

**楽しく考える**

子どもたちが興味をもって、楽しく考え、話し合うことによって学習が深まっていく。そんな授業を目指したいものです。「楽しく考える」授業を目指して、考え、実践していきましょう。

**切り替えスピード**

切り替えスピードは、日頃の学級での指導が重要です。全員が、素早く動き、教師の指示と指導により次の活動へうつります。指導が全員にしっかりと伝わっていて、素晴らしです。

　この学校を転任するときに、S先生からこんな言葉をいただきました。「いつも温かい言葉をかけてくださってありがとうございました。楽しく働くことができました。（中略）前に勤めた学校では、なかなか人間関係がうまくいかず、休職したこともありましたが、先生のお陰で、幸せな気持ちで仕事ができました。新しい学校でも今までと同じようにひまわりのごとく、教職員を明るく幸せにしてください。お元気で」

　今までの学びを管理職になっても実践してきてよかったと私自身も幸せを感じた瞬間でした。「子どもも大人も一緒。笑顔で登校、満足して下校」これからもこんな温かい人間関係に包まれた学校づくりに貢献したいと願います。

④　学校のリーダー（校長）として

　本年4月より校長として松山市立味生第二小学校に赴任いたしまし

た。本校は今年で 39 歳の誕生日を迎えます。本校には「情」（まごころ）の石碑があり、伝統としてこの「まごころ教育」を守り続けています。今年のスローガンは「味生Ⅱ夢プラン 2021　まごころ光る　笑顔あふれる味生第二」です。

【職員室で価値語を掲示】

このスローガンを合言葉に、校長として着任して早速実践したのが価値語です。毎日学校探険をして、子どもたちの「まごころが光っている場面」を見つけ価値語カードを作成して校長室前の壁に掲示しました。先生方の姿も子どもたちと一緒に撮影して掲示しました。テレビ放送で、今年のスローガンと価値語の掲示について広報すると子どもたちも先生方もその掲示を見に来ていました。M先生からは「掲示されると嬉しいですね」と言われ、養護教諭のY先生からは「こんなふうに掲示するとよく伝わりますね」と言っていただきました。「大人も子どもも一緒」です。

## 4　つながりを生かして

　教師生活27年。社会教育主事6年。合計32年間、教育の場で仕事をしてきました。「教員として少しでも力量を上げたい」「子どもたちのために、少しでも楽しく、よく分かり、力がつく授業がしたい」と思い、興味をもったことに対しては貪欲に学びを深めてきたつもりです。また、社会教育の場で仕事をしていたことも大きく影響していると思いますが、そのおかげで、教職員以外のいろいろな職種の方とつながり、仲良くなることができました。これはまさに今の私の大きな財産です。

　これまで学んできたいろいろな分野の学びは、菊池実践と共通するところがとても多いです。

① 選択理論心理学と菊池実践との共通点

　30代中頃から、学校の中でミドルリーダーとして大きな仕事を任されるようになると、かなりの配慮を要する子どもの担任も任されるようになりました。「どうすれば、もっと笑顔で楽しく子どもたちと一緒に学校生活を過ごせるのか」「どうすればどの子も学級の中で笑顔で過ごすことができるのか」、そんなことを強く思うように

なったとき、友人から「できるだけ多くの教師のみなさんに選択理論心理学について知ってもらいたい」と勉強会に誘われました。

　選択理論心理学のモットーは、「過去と他人は変えられない、変えられるのは未来と自分」「人の問題の95％は人間関係にある」ということでした。人間関係をよりよくすれば、問題の95％は解決する。そのためには、人間関係をよりよくする7つの習慣を実践してみるということでした。理論はいたってシンプルで、よく分かりました。あとは、自分の生活の中で実践して身につけていくという考えでした。

　勉強会に参加してみると、たくさんの気づきがありました。その時はちょうど、どの研修でも、「ほめて子どもたちを認めていきましょう」と言われ、できるだけほめて認めていたつもりでした。子どもたちもほめられると笑顔になりそれなりの効果は感じていましたが、今一つそれが本当に意味があり、効果があるのかと言われると、私の中の根底は揺れ動いていました。中には「そんな甘いことで子どもたちがきちんとできるわけがない」と言われる方もいました。

　そんなときでしたから、この選択理論心理学の「ほめて・認める」ことが脳科学的にどう認知され、行動に移るのかよく理解できました。それから自分の生活の中で実践を重ねることを続けていくと、その効果はとても大きく表れました。

　菊池実践と選択理論心理学は共通点がとても多いです。菊池実践は、すべて選択理論心理学の理論で説明できます。例えば、選択理論心理学で提唱されている人間関係をよりよくするために、身につけたい7つの習慣です。

| 1　耳を傾ける | 2　励ます | 3　尊敬する |
| 4　受け入れる | 5　違いを交渉する | 6　信頼する |
| 7　支援する | | |

　これを見ると、全て菊池先生の授業で実践されていることばかりで

す。特に、菊池実践でよく言われている、「ほめて・認めて・励まし・支援する」これはよく似ています。

② レクリエーション指導と菊池実践の共通点

　U学校に勤務していた頃、文部科学省の人権・同和教育の指定研究を受け、研究推進をしていたときでした。子どもたちの実態を分析してみると、自己有用感が低いということが分かりました。その自己有用感を高めるための方策として、各クラスでよりよい人間関係づくりを行うためのエクササイズの時間を設定しました。毎週2回、朝20分間、レクリエーションやグループエンカンター等の手法を使い、自分や友達のよさを認め合い、自分を好きになるためのプログラムを実践していきました。ゲーム感覚で、友達のよさを伝え合ったり、意見の違いを共感したり、私にとってもとても楽しい時間でした。共通ルールとして、その時間は、「笑顔で、ほめ、認め、励ます。絶対に叱らない」これだけでした。

　1年間実践を続けると、その効果をひしひしと感じました。分析結果も、自己有用感の高い児童の数値が63％から82％に向上しました。それをきっかけに、本格的にレクリエーションの技を習得したいと思い、レクリエーションインストラクター講習を受け、資格を習得しました。学び続けて、15年、レクリエーション準上級指導者までたどり着きました。

　では、なぜレクリエーションが効果的かというと、レクリエーションでみんなが笑顔になるからだと思います。レクリエーションとは、「心を元気にすること」、そして合い言葉は、「Smile for all」。これはまさに、菊池実践との共通点です。「マスクの下も笑顔」「笑顔力」の賜物だと改めて感じました。

　もう一つは関わりです。レクリエーションは、指導者対個人、個人対個人、個人対グループ、グループ対グループというように、人と関

わりながら楽しむのが基本です。関わりを通して温かな人間関係を築き上げる活動は、菊池実践になくてはならないものです。これも大きな共通点です。

③　共通の学びからコミュニケーション科の授業へ

　選択理論心理学もレクリエーションも、菊池実践と重なる部分が多く、重要なことをたくさん含んでいます。「笑顔力」「温かい人間関係づくり」「関わり」「コミュニケーション」「ほめて、認めて、励まし、支援する」全て共通しています。つまり、今求められている学びの根底にあるものが、菊池実践、1時間の学校教育、コミュニケーション科の授業に含まれているのだと思います。

## 8　コミュニケーションの重要性

　今まで教職員による菊池実践の本は多数出版されています。書店で手に取る教育書も、そのほとんどが、教職員や大学の先生など、学校現場にいる方々が執筆したものです。しかし、本書は、学校現場以外、教職員以外の方々が、小学校1時間の授業を参観（動画視聴も含む）し、自分の立場や仕事、そこでの学びから小学校の授業を分析するという、今までに例のない画期的な方法で執筆された本です。全く違う視点からの分析がどのようなものなのか、きっと新たな気づきがたくさんあるはずです。

　私たち教職員が、学校の授業について、教職員以外の方々の意見をお聞きすることは、あまりないことです。そのため、全く違う視点からの授業分析となっています。興味深いことに、菊池氏による授業は、どの職種や立場から見ても、「人を育てる」という視点において、重要なポイントが含まれていることは間違いないようです。

　つまり、菊池氏が提唱している、学校においてコミュニケーション科の授業を進めることが、これからの社会を担う子どもたちに必要だということです。そして、子どもたちが成長して、社会に出たときに必要である力を身につけさせるためにも、コミュニケーション科の考えを基に

授業実践を重ねていくことは、令和を生きる子どもたちにとって、とても有効であるということです。

コミュニケーション科とは、「温かい人間関係を築き上げる力を育て合う教科」と現在定義づけています。コミュニケーション科で育てたい力は次の4点です。

1　温かい人間関係をつくる力
2　自分らしさを発揮しながら、他者と協力して「学び」ができる力
3　相手を理解し好きになって、一緒に成長できる力
4　意味や感情を、言語・非言語等を活用して伝え合う力

上記のような力を育てるためには、「言葉で人を育てる」をキーワードに、「伝え合う」「聞き合う」ということをキーポイントとして進めていくことが大事だと考えます。具体的には以下の7つのカテゴリーを踏まえて、具体例を参考に学級経営や授業改善していく必要があります。

| カテゴリー | 実践の具体例 |
|---|---|
| 人との関わり（人間関係向上力） | ほめ言葉のシャワー・質問タイム |
| 言葉への興味・関心（社会性語彙力） | 価値語・言葉遊び・辞書引き・白い黒板 |
| 即興力（身体表現力） | コミュニケーションゲーム・スピーチ・身体表現 |
| 自分らしさ力（言語＋非言語） | パフォーマンス・プレゼンテーション |
| 対話・話合いの力（文脈力） | 少人数による話し合い・ディベート的な話合い |
| 個と集団を育てる議論力 | 学級活動での話し合い・子ども熟議 |
| 社会形成力 | 係活動・委員会活動・代表委員会 |

## 9　菊池実践による授業力アップのポイント

菊池氏は授業力を高めるには8つの力が必要だと言っています。その8つの力が自分の授業で活かせているかふり返るためのポイントを書き出してみました。

A項目5点　B項目3点　C項目2点　D項目1点で点数をつけてみるとよく分かります。30項目全部5点だとすると、合計150点になります。自分の今の授業力は、どのくらいなのでしょうか。また、課題を

## 授業力がアップする8つのポイント（振り返り用）

A（よくできた）　B（まあまあできた）　C（あまりできていない）　D（まったくできていない）

### 1 笑顔力

評価

| | | | |
|---|---|---|---|
| ① | 微笑み力 | ☆ | 授業中意識して、何度か温かい微笑みで、子どもたちを指導できたか。 | |
| ② | まなざし力 | ☆ | 授業中意識して、何度か温かいまなざしを、子どもたちに向けることができたか。 | |

### 2 マネージメント力

| | | | |
|---|---|---|---|
| ③ | スピードアップ力 | ☆ | スピード感のある授業展開ができたか。 | |
| ④ | 発問力 | ☆ | 子どもたちへの発問は明確だったか。 | |
| ⑤ | 指示力 | ☆ | 子どもたちへの指示は、短く的確だったか。 | |
| ⑥ | 資材活用力（教材開発力） | ☆ | 教材研究や教材開発を行い、その素材を活用したか。 | |
| ⑦ | 授業構成力 | ☆ | 15分ワンセットで、15分×3で1時間の授業の構成を考えたか。 | |

### 3 上機嫌力

| | | | |
|---|---|---|---|
| ⑧ | うなずき・あいづち力 | ☆ | うなずきやあいづちを、どの場面でも、どの子にも返したか。 | |
| ⑨ | ポジティブ力 | ☆ | ポジティブな気持ちをもち、プラスの言葉で切り返し等ができたか。 | |

### 4 つかみ力

| | | | |
|---|---|---|---|
| ⑩ | 導入力 | ☆ | 授業最初の10秒間で、拍手等で教室を盛り上げるなど、授業への期待感（わくわく感）をもたすことができたか。 | |
| ⑪ | 資料提示力 | ☆ | 授業の課題に迫るための資料を選び、提示することができたか。 | |
| ⑫ | 黒板活用力 | ☆ | 1/5の黒板や黒板を子どもたちに開放するなど、黒板を活用して授業を行ったか。 | |
| ⑬ | ポジション力 | ☆ | どの場面でどの場所に教師がポジションをおくか考えたか。 | |
| ⑭ | 選択技設定力 | ☆ | 授業の中に、子どもたちが選択して意見を述べる場面があったか。 | |
| ⑮ | 小物活用力 | ☆ | ネームカードや本等、小物を活用して各自の考えを深めることができたか。 | |

### 5 パフォーマンス力

| | | | |
|---|---|---|---|
| ⑯ | リアクション力 | ☆ | 少々オーバーにリアクションをとることができたか。 | |
| ⑰ | 机間指導力 | ☆ | 机間指導の間に、子どもたちのよさを発見することができたか。 | |
| ⑱ | ユーモア力 | ☆ | 子どもたちが笑う場面をつくることができたか。 | |
| ⑲ | あおり力 | ☆ | プラスの言葉で子どもたちが自主的に動けるような、あおりをかけることができたか。 | |
| ⑳ | −を＋に変える力 | ☆ | 一見マイナスだと思える子どもたちの言動や作品をプラスで伝えたりすることができたか。 | |

### 6 身体表現力

| | | | |
|---|---|---|---|
| ㉑ | 自己開示力 | ☆ | 自分の失敗を語ることができたか。 | |
| ㉒ | 非言語力 | ☆ | 非言語を使って子どもたちを集中させたり、教師の思いを伝えたりすることができたか。 | |

### 7 トーク力

| | | | |
|---|---|---|---|
| ㉓ | コメント力 | ☆ | 子どもの発言等に対して、短く印象に残るコメントを返すことができたか。 | |
| ㉔ | つなぎ力 | ☆ | 子どもたちの点の意見を、線やグループにつなぐことができたか。 | |
| ㉕ | 誤答活用力 | ☆ | 誤答を活かすことができたか。 | |
| ㉖ | すかし力 | ☆ | 時にはすかしてみて、先生でも受けない（失敗）場面を見せて、安心させることができたか。 | |
| ㉗ | ボケ力（間力） | ☆ | 時にはボケてみて、言葉のおもしろさに気づかせることができたか。 | |
| ㉘ | 短文力 | ☆ | ずばり短く表現できたか。 | |

### 8 10割ほめ力

| | | | |
|---|---|---|---|
| ㉙ | 美点凝視力 | ☆ | 注目してほしいところを凝視できる言語や非言語で伝えることができたか。 | |
| ㉚ | フォロー力 | ☆ | 子どもたちが誤答や失敗したとき、それをフォローすることができたか。 | |

見つけて、改善を図って授業を行ったあと、再度ふり返ってみると、自分の成長が自覚できるはずです。自分の授業力は、きっと高まっています。この表をもとに自分の授業をふり返ってみると、自分は何が得意で、これから身につけていかなければならない力は何かが、はっきりとしてきます。

「一人も見捨てない」のが菊池実践です。「大人も子どもも一緒」です。このチェック表を活用して、楽しみながら、分析して、教師力・授業力を高めていきましょう。全国の菊池実践仲間みんなで、切磋琢磨しながら伸びていきましょう。

## 10　理想とする授業像と学校像

　菊池氏の１時間の授業には、学校で身につけるべき力を培うための要素が全て含まれています。「授業づくりは学級づくり」なのです。それは５分の１黒板にも示されています。

　・マスクの下も笑顔
　・切り替えスピード
　・やる気の姿勢
　・一人一人違っていい
　・自分から立ち歩く
　・一人をつくらない
　・男女関係なく
　・新しい気づきや発見
　・質問し合う
　・思い出す力
　・スピード

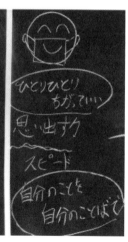

　・自分のことを自分の言葉で

　５分１黒板を使った授業が進むにつれて本時のねらいに迫っていることが分かります。

　菊池氏の授業は15分３セットで構成されています。最初の15分１

パックめは、子どもたちを一気に集中させ、魅了し、今日の授業は「面白そう、楽しそう」と思わせたあと、学習規律を植林していきます。次の15分2セットめで、安心して自分の言葉でみんなが発言できる空気感をつくり出します。最後の15分で本時のねらいへと迫り、同時にコミュニケーションの集大成を構築していくのです。このような菊池流授業を進めていくためには、先ほど述べた8つの力が必要です。

①笑顔力　　②マネージメント力　　③上機嫌力　④つかみ力

⑤パフォーマンス力　⑥身体表現力　⑦トーク力　⑧10割ほめ力

この8つの力は、すぐに身につけることができるものではありません。日頃から意識して培っていかなくては身についていかない力です。菊池氏は、この8つの力を身につけるために日々努力されています。本を読み、マネージメント力を高め、大阪に行けば吉本新喜劇を観に足を運び、トーク力に磨きをかけ、半沢直樹が注目を浴びればそのドラマを食い入るように見てパフォーマンス力を培い、郷ひろみのジャケットプレイも研究します。授業のみでは、身につかないと私は思います。

これらの技術は、常日頃の研究と練習と挑戦の積み重ねで向上すると信じています。

現在新米校長として赴任していますが、時々菊池実践で子どもたちを笑顔にしたくて授業をしています。先日も、2年生、4年生、6年生の教室で、「ほめ言葉でまわりの人を幸せな気持ちにしよう」というテーマで授業を行いました。まだまだ菊池先生の足元にも及びませんが実践あるのみ、継続して挑戦していきます。これまでいろいろと述べてきましたが、結論は菊池実践こそが私の求める授業像です。

私がめざす学校像は、子どもたちが、「今日も学校に行きたい」と思い、「笑顔で登校し、満足して下校」する学校。教職員が「今日も働きたい」学校。保護者の皆様が、「自分の子どもを通わせたい」と心底思う学校。地域の方が「自慢できる」と言える学校です。この理想の学校にするためには、菊池実践、コミュニケーション科の授業、人との関わりによる温かい人間関係を築き上げる力を育てていくことが必要不可欠です。なぜなら、実践することで笑顔満点の学校になっていくからです。本校の頑張り合い言葉は、「あいさつ　せいり　かかわり　けじめ」です。その中でも「関わりは真心（まごころ）、まごころは思いやり」を重視しています。これからも理想像を求めて菊池実践に挑戦＆広報していきます。

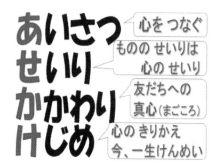

第 **7** 章

# 菊池先生の飛込授業に学ぶ

- ・担任としての視点から
- ・飛込授業を受けた児童の感想

# 担任としての視点から
## 〜全員参加の授業をめざして〜

愛媛県松山市立清水小学校 **祖母井 靖**

　全世界を巻き込み、学校生活にも多大な影響を与えているコロナ禍。社会全体がひっくり返るような衝撃に、「当たり前」がいかに脆い概念であるかを痛感しました。現場では今までにない困難が生まれる一方で、「何のために教えるのか」や「子どもを何処へ導くべきなのか」を否応なしに問い直す機会となりました。

　教師として11年め。自分なりに懸命に働いてきた自負はありますが、理想とする授業が具体的に描けていたかと言うと疑問です。たとえるならば、馬車を引く馬が目的地はどこなのかを知らないまま、目の前にぶら下がった餌を必死に追いかけているような状態だったとも言えます。

　そんな中、テレビ画面の中でしか見たことのなかった菊池省三先生に担任する学級で授業をしていただきました。1時間の授業を参観したあと、衝撃や悔しさ、喜びなどいろいろな感情が混ざり合って胸を渦巻いていたことが思い出されます。

　担任する子どもたちと過ごす、約200日。自分は、一つ一つの言葉に血を通わせていただろうか。見えづらい小さな挑戦や成長を見つけようとしていただろうか。全員参加の授業、全員が伸びる授業をめざして今もこれからも歩み続けたいと思います。

### ■全員参加の授業を支える関係づくりとスモールステップ

　菊池先生の授業を参観して何より見習いたいと感じたのは、スポットライトを浴びる児童が1時間の中で多数いたことです。しかも、それぞれ違う視点で児童の輝きを見つけていらっしゃいました。ユニークな意見を言った子、分からないことを聞くことができた子、周りと違う意見

をもった子、まっすぐに手を伸ばして挙手した子（写真1）。認められた児童は例外なく笑みを浮かべ、その後の学習に生き生きと取り組んでいました。周りの児童もそれを見て感化され、やる気が伝染していくのが伝わりました。先ほど出会ったばかりであるはずの菊池先生との間に既に信頼が芽生えていることを強く

写真1　挙手をほめる

感じ、全員参加の授業を支える教師と児童の関係づくりの理想を目の当たりにしました。

　菊池先生と授業後数か月が経ってから再会し、共に授業をふり返る中で「教師のパフォーマンス力の重要性」を説かれ、大変心を打たれました。ここでのパフォーマンスは、児童一人ひとりの考えや行動を価値付ける細やかな言葉であり、その言葉を引き立たせるための動作や話し方の工夫のことです。授業づくりで教師は教材を分析し、発問を考える。しかし、指導案の中に書かれない教師のパフォーマンスをもっと重要視すべきなのではないかと述べられました。教材の選定や分析はもちろん教師にとって必要不可欠ですが、教師も児童も生きた人間です。「何を」学ばせるかに加えて、児童それぞれがもつ魅力や学ぶ姿勢の伸びを見つけられる教師でありたいです。

　全員参加の授業実現を支えていたもう一つの工夫は、児童への指示や学習活動自体の難易度が1時間の中で無理なく緩やかに増していった点にあると思います。自分で考える場面があり、話し合う場面があり、全体で練り上げる場面がある。これ自体はよくある流れなのですが発問一つ一つの細かい表現に着目してみるとたくさんの工夫に気づきました。序盤は正解不正解のないやりとりで伝え合うことに慣れさせる。または、「何か知っていることがある人」と答えに幅がある問いを発することで答えは一つではないということを児童は実感します。また、分か

らないことがある場合は教え
合ったり写し合ったりするこ
とが認められていました。フ
リートークなので伝え合う人
数も相手も状況に応じて選ぶ
ことができます（写真２）。時
には「○○さんが言ったこと
を覚えている人？」と確認す
ることによって聞き合い、学

写真２　フリートークで伝え合う

び合う関係の確認も盛り込みます。授業の終盤に差しかかる頃には多く
の児童が「発言したい」という気持ちが高まっていたと思います（写真
３）。

写真３　発言する児童が増えていく

　これは安心して伝え合う土台がしっかりしていたからこそ生まれる思
いです。そして最後、お気に入りの川柳を選ぶ活動やオリジナル川柳を
考える活動では「自分のことを自分のことばで」という助言をされまし
た。これは、価値ある行動ですが大人でも難しいことです。しかし児童
は限られた時間の中で、考えることや伝え合うことを楽しみながらチャ
レンジできていました。

## ■A児にとっての一時間

　6年1組の児童の中で、適切な指導法を見出せずにいる児童がいました。人間関係でトラブルがあるわけではないのですが、A児には授業の中でなかなか活躍の場を与えてあげられませんでした。これは今ふり返ると私の授業に反省があります。児童への問いかけが正解かどうかに焦点を当てたものが多かったからです。A児が発言できる機会はほとんどなかったと言ってよいですし、他の児童にとっても息苦しいものだっただろうと思います。

　菊池先生の授業では、そんなA児が活躍できる場面があり勉強させていただきました。A児は自分で考えを書くことができずにいたのですが、「写し合いましょう」の指示を聞いて友達のワークシートにあった文字を写しました。写せたのは漢字の1文字、それも途中です。それぞれが座席に戻ったあと、菊池先生はすかさずA児の様子を認めてくださいました。「友達のを見て、写せたんだね。よい仲間じゃないですか、よい教室です」A児は少し照れたように菊池先生を見つめ、周りの児童にも温かい空気が生まれたのを肌で感じました。

　活躍の仕方も成長の仕方も人それぞれ。個を見る、伸びや変化を見る意識の差を痛感しました。（写真4）

写真4　ナイスアイデアに思わず握手

## ■授業翌日

　怒涛の 45 分を参観した私は、自分の学級の児童の底力に驚きました。自分が引き出せていない力がまだまだあることを直接見て、悔しい気持ちもないわけではなかったのですが、それ以上に学級の児童の生き生きと学び、輝く姿に嬉しい気持ちで満たされました。授業翌日、クラスの児童にかける言葉を考えながらの通勤。「クラスの子の中には、昨日の授業を経験して菊池先生が担任だったらいいな、と思う子もいるだろうな。自分ができることは何だろうか」と思いながら教室に向かいました。

　菊池先生に比べ力はまだまだ足りないが、クラスの児童と共に未曽有の 1 年をここまで歩んできた。菊池先生の授業からの受け売りですが、飾った言葉でなく自分のことを自分の言葉で語ろうと思い、こう言いました。「みんなすごかったよ。後ろから見ていて昨日は感動した。クラスの子が活躍している姿って、やっぱり先生にとって最高の喜びなんやな。あんな瞬間がこれからも見れるよう先生ももっと頑張るわ、昨日はありがとう」こう話したあとの児童の表情は、喜びとやる気に満ちていたように見えました（そうであってほしいという希望もありますが）。

　菊池先生との出会いは 1000 日を越える小学校生活の 1 ページ。しかし、あの出会いは私にとっても、子どもたちにとっても可能性を拓いてくれた特別な 1 ページです。菊池省三先生と 6 年 1 組の子どもたちに改めて心より感謝をお伝えします。

## ■今年度の実践

　私は、「指導した方がよいのでは」と感じながら躊躇することがあります。受けに回りがちな思考を課題と感じていました。

　今年度、高学年の担任となりました。学級開きの時期は自分のビジョンを示し、子どもと心を通わせる最初のチャンスです。

　まず意識したのは私が子どもを「見ていること」を感じさせ、信頼関係を築くことです。成長したこと、変化、改善点、嬉しかったこと。と

にかく伝えました。ネタが尽きると子どもの姿の分解を心がけました。例えばあいさつ。よかった点は声の大きさなのか、誰にでもあいさつできたことなのか、目線を合わせたことなのか、昨日よりできるようになったことなのか…etc。きれいな文脈で伝えられなくともその瞬間にある子どもの輝きを見逃さず伝えられるよう努めています。

　そして、授業改善です。めざすのは全員参加の授業。まずは、教師がその姿勢を示します。取り組んだのは苦手意識をもつ子どもへの言葉かけです。「分からん」も発言です。「どこまでは分かった？」「どこで分からなくなった？」と聞きます。すると、「私、それ説明できます」と発言する子どもが現れました。分からないと言った子にも「おかげでみんながレベルアップできたね！」と声をかけました。途中で発言が止まっても言おうとした姿を認める。間違っていても最後まで言い切ったことはほめる。小さい声でも、発言した勇気をほめる。友達の小さい声を聞いていた周りの子に「今○○さんが言ったことを言える人？」と返せば、認めるチャンスが２倍になる。せっかく勇気をもって「やってみよう」と思った子どもの気持ちを挫くことだけはしないように心がけています。

　発言の仕方も変化させました。立って席を移動して伝え合うフリートークを多く取り入れています。「仲良しの友達とだけ伝え合うのでは？」と懸念していましたが、実践してみるとその現象はほぼありません。早く意見が書けた子は時間をもて余さないし、分からずに困っている子も教えてもらえ、そのまま友達のノートを写すことも認めています。立場に分かれて議論する場面では、立場別に席を配置します。途中で意見が変われば席を移動します。席を移動した仲間がいると、その子にもう一度戻ってきてもらおうと、移動された側の子が必死に発言するので毎回かなり盛り上がっています。今年、授業をするのが楽しいです。課題はまだまだ山積ですが、昨日より少しでもよくなっている瞬間を感じると活力をもらいます。昨年10月に見た菊池先生の背中までは果てしない距離がありますが、自分なりの歩みを続け子どもの成長に貢献できる教師でいたいと思います。

●飛込授業を受けた児童の感想①

## 菊池省三先生の授業について

6年　1組　　　番　氏名 _____

令和2年10月16日（金）

　ぼくは菊池先生の授業を聞いてたくさんのことを学ばせてい
ただきました。とくに印象的だったのがはく手です。はく手は、相
手が良い発言をした時や人を向かえる時に、指の骨が折れる
ほどするということを教えてもらったので、今後の学校生活に
生かしていきたいです。授業では川柳を聞いたり考えて書い
たりしてとても面白かったです。川柳の特ちょうを相手と話し自分の
気づかなかったことを新しく書くといった作業は人数が多い
学校でしかできないので大切にしていきたいです。令和元年
などの川柳は、面白くもあり奥深さもあってとても良かったです。
また、クラスのみんなが考えた川柳も発想が豊かで面白かったで
す。菊池先生の授業はたくさんの人達がいてカメラも入って、き
ん張したけれどとても面白かったのでいつもの授業より短
く感じてあっという間でした。最後に、菊池先生と記念さつえい
できたことを光栄に思います。菊池先生が授業をしている姿
はカッコ良く見えました。そして話すスピードも調度良いし、黒
板の字もとても見やすかったです。授業が終わった時また
菊池先生と一緒に授業がしたいとも思いました。今回の
菊池先生の授業で教わったことをいかしてこれからの学
校生活をがんばっていきたいです。

208

### 菊池省三先生の授業について

6年　1組　　番　氏名　　　　　　　　　　

令和2年10月16日（金）

菊池省三先生、特別な授業をしていただきありがとうございました。川柳について楽しく学ぶことができました。先生の「ひとりひとりちがっていい」や「自分の言葉でいう言葉が私の心に一番のこりました。ちがっていても自分の言葉で書くことで、たくさん考えたりすることができました。先生が私たちの書く紙氏を見て、笑ってくださったり、おどろいてくださったりしていて、私のたくさんの発想の力なども楽しくさせていただきました。

先生がはじめに書かれたマーク（世界共通にも意味があったので1つ1つの授業を笑顔で楽しくして、そこからたくさんのこと（うなずく、あいづち）などともっと身につけたいです。先生の授業はとても楽しくて、今の時代のことを考えて□（四角）をうめたり、自分たちで、川柳を作ったりして、川柳を授業などですることがなかったのでよいけいけんになりました。川柳は昔からの文化だと思います。それを今の時代までのこしてくれた人がいるので私たちも、次の時代へバトンパスしたいと思います。

今回はきちょうな経験をさせていただきありがとうございました。とても楽しく授業ができました。

## 菊池省三先生の授業について

6年 | 組    番 氏名 ＿＿＿＿＿＿＿＿＿

令和2年10月16日（金）

菊池先生の授業では、その題には、どうして考えることができ、内容い外にも、すわり方、考え方の じょうしきなどを おもしろく 教えてくれたおかげで、いい態度で授業に参加することができました。そして何より菊地先生の授業は楽しくて さんちょうなどは一際なしに、考えることができ、それを発表したり友たちのいけんをしっかり聞いて自分の考えをもったり、いい りんにかえられるなど、今気づけば、当たり前をしっかりできる人間性を育てる時間だったんじゃないかなと思いました。

それに内容としても、とても分かりやすく、みんなで コンテストをした時はとても楽しかたです。題材も分かりやすいし、考えやすくて、おもしろいだけでなく大事なことも しっかり、まとめているところがとてもすごいなと思いました。

先生（担任）が いっていた「人を育む」という議は、本当で想象をこえるものでした。ぼくもいつか菊池先生みたいな、人を育てて、しっかり大事なことをまとめて教えて、知識をしっかりもって楽しく考えられるように教えて、その人を成長させられるようになりたいです。

## 菊池省三先生の授業について

6年 1組　　番　氏名＿＿＿＿＿＿＿＿＿＿

令和2年10月16日（金）

菊地省三先生、授業をしていただきありがとうございました。私は授業を受けて、一人一人に対する接し方がとても優しくて、必ずうなずいたり、あいづちをうったりする所がとってもすごいと思いました。話し方もわくわくさせてくれるような感じですごいと思いました。ふだんは手をあげた人を先生があてるという感じだから、列ごとであてたりしていた事にすごくきんちょうしましたが、何を言っても優しくしてくれていた所がやはりすごいと言われている理由なのだと感じました。また「（清水小六年一組）令和川柳コンテスト」といういつもの授業とは違う楽しさがあるテーマでした。出された問題について考える時間も楽しかったです。最後にした、みんなで令和の川柳を考える所では一つ一つに感想を言っていて、とても親切だったし、「ことばを大切にし合える学級」と六年一組のよさまで書いてくださってとてもうれしかったです。川柳の問題の所では空らんには何の言葉が入るかというクイズ系式の問題で、私は先に川柳と空らんを書いて問題を後で伝えるため、先に問題を言うよりも考える力がつくのではないかと考えました。菊池先生の授業はすごいと言われている理由がわかるとても楽しい授業でした。

## 菊池省三先生の授業について

6年 | 組 　 番 氏名 _____

令和2年10月16日（金）

菊池先生の授業はとてもおもしろかったです。みんなが盛り上がるようにしてくれたり、ひとりひとりが発表できるきかいをくださったりしてくれて、ありがとうございました。また、私の手の上げ方をほめてくれて、とてもうれしかったです。私は菊池先生がどんな授業をしてくれるのかすごく楽しみでした。川柳コンテストの作品を見てみるとおもしろい川柳があったりして、こんなかんじに書いてもいいんだ。と知ることができました。また、川柳の一部分をあてる問題で、自分の解答があっているとすごくうれしかったです。また、私は班の中で代表に選ばれました。みんなの前で川柳を発表するのははずかしかったけれど、菊池先生があたたかい目で見てくれたのできんちょうしませんでした。私は前まで、自分だけちがう意見だったらいやと思ってみんなに合わせたりしていたけれど、「ひとりひとりちがっていい」ということを教えてくださって、自分の意見をみんなに発表することができました。この授業でたくさんのことを学ぶことができました。また菊池先生のサインももらうことができてとてもうれしかったです。本当に授業をしてくださってありがとうございました。これからもお仕事がんばってください！

212

## 菊池省三先生の授業について

6年　｜組　　番　氏名

令和2年10月16日（金）

　今回は、とても面白い授業をしてくださり、本当にありがとうございました。今までの授業では、自分の考えを確かめる時間が長めに設けられていて、考えに余裕はできたけれど何回も考えなおしたりして自分の考えがまとまらない事が多かったのですが、今回は、少し短めの時間をとってくださった事で「何か当てはまる事はないか」「少しは書いておこう」と必然的に、無理矢理ではなく自分の力で考えることができました。また、これは違うなと自分の考え方に自信が無くても友達と交流して意見をもらう事ができるので、自信を持ったり、そんな考えもあるんだなと考えの幅が広がりました。

　また、拍手をするという動作は普段は誰かが感想を発表したり良い事をしてほめられたりする時などにしかしなくて、分かりやすい説明や良い意見を他の友達が発表した時はうなずきやあいづちはしたけれど拍手を自分達からする事はあまり無かったので、『良い意見は拍手をする』という当たり前だけれどできていなかった動作を意識して行う事ができました。なので、これから誰かの良い考えや感想が聞けるときは、気持ちを込めて拍手を送りたいと思いました。

　今回のテーマは令和時代について川柳で考える事で、先生が教えてくださった川柳はどれも深い内容で、また自分たちで考える事もできて、自分の考えた理由なども発表ができて良かったです。『自分のことを自分の言葉で表す事が大事だと知れました。いつもとは少し違う、楽しい授業をしてくださり、ありがとうございました。

## 菊池省三先生の授業について

6年　1組　　番　氏名

令和2年10月16日（金）

　私は菊地先生の授業を受けて、最初は菊地先生がどうゆう人かやどんな授業をするかなどがあまりわからなくて少し不安だったし、少しきんちょうちたけど、菊地先生の授業聞いているうちにきんちょうもせず、すごく楽しく授業を受けることができました。また、せきょく的に手を挙げることや話し合いをすることができたし、自分の意見をしっかりと持って活動することができました。令和川柳コンテストでは、この令和の時代にぴったりな川柳を聞いて感想を考えたり、考えたりすることができました。だれかがおもしろい意見を言った時はみんなで笑ったり、すごい意見を言った時は大きな拍手をしたりなど1時間だけだったけどすごく楽しかったです。私は先生が黒板の右はしに書いていた「ひとり、ひとり、ちがっていい」や「自分のことを自分のことばで」という言葉がすごくいいなと思いました。ひとり、ひとり好きな事や得意な事がちがっていいんだよということや、自分の意見をしっかりもとうというような意味があるんだなと思いました。先生の授業を1時間受けて習ったことや学んだことをしっかり明日からの授業などに活かしていきたいです。1時間だけだったけどすごく楽しい授業をしてくださりありがとうございました。また、先生がいっていた言葉やしていたことをわすれずにこれからも活かしていきたいです。

## 菊池省三先生の授業について

6年　1組　　番　氏名

令和2年10月16日（金）

ぼくは、このスペシャル授業で思い出すかなどじはじゅについてもたくさんのいい事を学びました。菊池先生は、とてもおもしろいじゅ業をしてくださりみんなに自信のつくような授業で川村IPについてもきょうみを少しもつようになりました。そしてぼくは、きくち先生の授業で話すか人前で発表する力、聞く力、想ぞうする力などたくさんのことが成長したように感じました。そしても受業もわかりやすくて話のながれだったり言葉についても女タえていただきとても楽しくてIから世つめいしてくれてクイズのように楽しむことがまとてもいい授業でとくに自分で川村IPを考えているときはとてもたのしくていろいろな感じ方を話しあったりもしてとても楽しかったです少しきんちょうしていたけどほぐしてくれるような授ぎょうで発表することが楽しかったりうれしくて自分の心も少し成長してとても自まんできるも受ぎょうでつぎのじゅ業でもがんばることができました。菊ちや先生ありがとうございました。

## おわりに

　2021 年夏に、私のドキュメンタリー映画「教師×人間 菊池省三　〜挑む 第三部」（筒井勝彦監督作品）が完成しました。私のライフヒストリー的な内容です。

　この映画の中にも、愛媛支部の活動や授業の様子が収録されています。本著が生まれるきっかけとなった清水小学校の授業風景も出ています。

　私は、生まれてから高校を卒業するまで愛媛県で過ごしました。故郷愛媛の方たちと、この本を世に出せることを本当に嬉しく思っています。

　私が、「コミュニケーション科をつくりたい」と話し始めた数年前から、その考えに快く賛同してくださったのが愛媛支部のみなさんでした。

　佐藤副支部長の熱い思いから今回の飛込授業の企画が立ち上がり、菊池道場と会場の小学校との合同研修会がスムーズに実施され、支部メンバーにも授業参観の認可がすぐに下り、私の長年の思いでもあった「学校教育界以外の方たちからも学び合う」ということが、この書籍という形になって実現しました。特に気にかかることもなく進んでいきました。いろいろなところで温かいご配慮等があったのでしょう。

　また、何度か行った原稿検討会では、

「それぞれのご専門の視点から、『授業を切る』形でこれ以上ないぐらいに大胆に書いてください」

「学校教育界に喝を入れる意味でも、効果的な資料やデータをふんだんに入れてください」

「厳しくも温かいご指摘が、教育を大きく変えることになると思います。先生以外の方にも手にしていただける内容にしましょう」

「愛媛から全国に発信しましょう。愛媛から日本の教育を変えましょう」

　といった厚かましい私からのお願いや願望にも、気持ちよくみなさんが耳を傾けてくださいました。

　本当に心から感謝しています。ありがとうございました。

菊池道場は、2021年春に、「小学校発 本気の提案」と銘打って、コミュニケーション科叢書の第1弾を出しました。そこでは、コミュニケーション科の7つのカテゴリー別に実施したい授業群を示しました。

　このコミュニケーション科叢書2では、1時間の授業における教師の「授業ライブ力」の在り方を示せたと考えています。コミュニケーション科授業における具体的な教育技術を示すことができたと考えています。

　また、細かな教師の教授行為一つ一つに、意図やその価値、意味が当然あるということも示せたのではないかと考えています。このことも、執筆していただいた方々の原稿内容からも十二分に伝わってくると思います。このことは、教育の素晴らしさでもあると言えます。

　そして、ページを読み進めていただく中から、授業動画から伝わってくる無邪気な子どもたちの姿を観ていただく中から、本著のタイトルである「社会を生きぬく力は小学校1時間の授業の中にあった」ということに気づかされると思います。

　誰もが通った小学校のあの教室の中での授業の中に、45分の1時間の授業の中に、社会を生きぬく力を学んでいたことに気づかされるのではないでしょうか。

　小学校では、1年間で約1000時間の授業があります。6年間通います。そこでは、大人になっても、いや、大人だからこそ大切にしなければならないことを学んだはずです。

　本書を手にして、そのようなことを思い出し、考えていただけたら幸いです。明日からの元気につながると嬉しいです。

　この「大人版コミュニケーションの教科書」も、中村堂の中村宏隆社長には、企画段階から編集段階まで丁寧なご指導をいただきました。ありがとうございました。

　本書が、日本の未来をより明るくすることに役立つことを心から願っています。

菊池道場　道場長　菊池 省三

## 各理論を学ぶための参考文献

●教育カウンセリング
「生徒指導提要」（文部科学省 /2010 年）
「教師のためのカウンセリングゼミナール」（菅野純 /1995 年 / 実務教育出版）
「ポジティブ教師の自己管理術」（國分康孝 /1996 年 / 図書文化）
「生き方の道標『エリクソンとの散歩』」（佐々木正美 /2001 年 / 子育て協会）
「教育カウンセラー標準テキスト　初級編・中級編・上級編」（日本教育カウンセラー協会編 /2014 年 / 図書文化）

●コミュニケーション心理学（NLP 理論）
「自信を持って行動できるメンタルのつくり方」（中嶋美知 /2019 年 / セルバ出版）
「マンガでやさしくわかる NLP」（山崎啓支 /2012 年 / 日本能率協会マネジメントセンター）
「From Coach to Awakener」（Robert Dilts/2003 年 /Meta Pubns）
「NLP コーチング」（ロバート・ディルツ、田近秀敏監修、佐藤志緒翻訳 /2006 年 / ヴォイス）
「The Polyvagal Theory」（Stephen W.Porges/2017 年 /W. W. Norton & Company）
「ポリヴェーガル理論入門」（ステファン・W・ポージェス、花丘ちぐさ訳 /2018 年 / 春秋社）
「『ポリヴェーガル理論』を読む」（津田真人 /2019 年 / 星和書店）

●選択理論心理学
「グラッサー博士の選択理論」（ウイリアム・グラッサー、柿谷正期訳 /2021 年 / アチーブメント出版）
「クオリティスクールティーチャー」（ウイリアム・グラッサー、柿谷正期監訳 /2021 年 / アチーブメント出版）
「選択理論を学校に〜クオリティ・スクールの実現に向けて」（柿谷正期・井上千代共著 /2011 年 / ほんの森出版）
「だれでも簡単に使える選択理論心理学・下『いじめ・ケンカが消える！魔法』」（井上千代 /2021 年 / 愛媛選択理論研究会）　※井上千代のホームページで限定販売

●チームビルディング（統合組織開発）
「Good Team 〜成果を出し続けるチームの創り方」（齋藤秀樹 /2020 年 / 日経 BP）
「最強組織の法則　〜新時代のチームワークとは何か」（ピーター・M・センゲ、守部信之訳 /1995 年 / 徳間書店）
「なぜ人と組織は変われないのか　〜ハーバード流 自己変革の理論と実践」（ロバート・キーガン、リサ・ラスコウ・レイヒー、池村千秋訳 /2013 年 / 英治出版）

●編著者紹介‥‥‥‥‥‥‥‥‥‥‥‥‥‥‥‥‥‥‥‥‥‥‥‥‥‥‥‥‥‥‥‥‥‥‥‥‥‥‥‥‥‥‥‥

## 菊池省三（きくち・しょうぞう）

1959年愛媛県生まれ。「菊池道場」道場長。元福岡県北九州市公立小学校教諭。山口大学教育学部卒業。文部科学省の「『熟議』に基づく教育政策形成の在り方に関する懇談会」委員。2020年度（令和2年度）高知県いの町教育特使、大分県中津市教育スーパーアドバイザー、三重県松阪市学級経営マイスター、岡山県浅口市学級経営アドバイザー　等。
著書は、「温かな人間関係を築き上げる「コミュニケーション科」の授業（コミュニケーション科叢書1）」「『菊池実践』で創る　令和時代のコミュニケーション力あふれる中学校」「子どもたちが生き生きと輝く 対話・話し合いの授業づくり」「教室の中の困ったを安心に変える102のポイント」（以上　中村堂）など多数。

※各章の著者名・肩書きは、それぞれの原稿に記載してあります。
※いずれの肩書きも、2021年8月1日現在のものです。

●動画撮影‥‥‥‥‥‥‥‥‥‥‥‥‥‥‥‥‥‥‥‥‥‥‥‥‥‥‥‥‥‥‥‥‥‥‥‥‥‥‥‥‥‥‥‥

## 有限会社オフイス・ハル（筒井勝彦）

## 撮影：秋葉清功

社会を生きぬく力は
小学校1時間の授業にあった
（コミュニケーション科叢書②）

2021年9月20日　第1刷発行

編　著／菊池省三
発行者／中村宏隆
発行所／株式会社　中村堂
　　　　〒104-0043　東京都中央区湊3-11-7
　　　　湊92ビル4F
　　　　Tel.03-5244-9939　Fax.03-5244-9938
　　　　ホームページ　http://www.nakadoh.com

編集・印刷・製本／株式会社丸井工文社

ISBN978-4-907571-77-1

●本書「はじめに」から　菊池省三

数年前から、漠然とではありましたが、「『コミュニケーション科』という教科をつくりたい」という思いが私の中にありました。私自身の教職人生をふり返る中で、コミュニケーションという言葉は外せないキーワードですから。その思いが、日々全国を回っている私の中で、年々強くなっていました。もちろん、このようなことは、すぐにできるはずはありません。当たり前です。それを百も承知で私は、本気で思い考え実現に向けて動き出そうと決めたのです。本書は、その本格的な第一歩となるものです。

●本書「序章」-「コミュニケーション科」とは菊池省三

現時点では、『温かい人間関係を築きあげる力を育て合う教科』と定義づけておこうと考えています。技術指導を全面的に指導するのではなく、民主主義の考え方に立ち、
・学級の人間関係をよりよいものにするため
・学級の学びの絆を強いものにするため
ということを第一に考えて指導するということです。
具体的な授業時数は、各学年年間 35 時間を予定しています。